ENDA

XALBADOR

Tiza negra

Xabier Díaz Esarte

Tiza negra

Txalaparta

Título: Tiza negra
Autor: Xabier Díaz Esarte

Portada: Esteban Montorio

Edición
Editorial Txalaparta s.l.
Navaz y Vides 1-2
C.P. 78
31300 Tafalla
NAFARROA
Tfno. 948 703 934
Fax 948 704 072
txalaparta.na@euskalnet.net
www.txalaparta.com
Primera edición de Txalaparta
Tafalla, junio 2001

Fotocomposición
arte 4c
Fotomecánica
arte 4c
Impresión
RGM

I.S.B.N.
84-8136-201-8
Depósito Legal
BI. 1320-01

Txalaparta

A Ezkaroz, a Salazar,
porque me reclamo de patrias chicas

Tiza Negra se basa en un original –Gracias que esperamos obtener– *que obtuvo el Premio Navarra de Novela Corta 1981, instituido por Caja de Ahorros Municipal y Gobierno de Navarra. Coetáneo era* Niebla de caínes, *otro texto inédito ambientado en el maquis pirenáico. De la fusión y reelaboración de ambos surge este relato.*

Es que una guerra, una vez que empieza, dura siempre.

Alfons Cervera

Cuando yo era pequeñajo, la escuela era una amenaza terrible.
Una palabra que se blandía en el aire como una vara de mimbre.

Manuel Rivas

Lotsa dionari malta guztiak zaizka otso.

Refrán salacenco

Primera Parte

De alguna forma había que empezar

Pipitaki papataki
nik badakit gauza bat[1]

Los gatillos descargados a finales de primavera para aliviar la presión de los muelles se curvan de nuevo en las pletinas. Aceites, balletas y desatascadores recorren los caños de las armas y hurgan, con caricia fría y oscura, los ocultos recovecos de hierro. El dedo ensalivado puntea la mira, mientras el ojo entrecerrado, pegado a la cheposa culata, inventaría moscas de volar farandulero, planchas dormidas sobre la tibieza de la cocina económica, festivos que colorean las hojas del calendario («Casa Arana, su casa de confianza». «Casa Casla, ultramarinos finos»). Candeleros de latón, calentadores de cama o doradas chocolateras que adornan las esquinas son blanco imaginario de escopeta. Caen fulminados los botones del viejo aparato de radio, se hace diana en las repisas de madera festoneadas de volantes blanquirrojos. Pausadamente se diezma la vasijería, el fuelle de atizar el fuego, las escarpias del tendedero para colgar coladas en invierno –¡qué laberinto de escondites infantiles entre las sá-

1. En el glosario final se recoge la traducción de muchas de las expresiones, refranes etc., escritos en euskera salacenco.

banas tendidas en la recocina!–. En un gesto instintivo se aparta la mira del rosario misionero, bendecido en el Castillo de Javier, cuyas gruesas cuentas de madera recorren la pared. Y vuelta de nuevo a las escarpias y manillas, a la bombilla que baila bajo la pantalla de porcelana refugio de moscas irritantes; abatiendo, finalmente, los torneados barrotes de la celosía del armario de dos cuerpos. Alcanzado el último objetivo, se vuelve al lustre afanoso, a la comprobación minuciosa de los muelles, a su perfecto tensado. Escopetas de caños paralelos y superpuestos, expulsoras y repetidoras legañean su letargo, se desperezan en la prolongación mortífera del caño amenazador. Las armas ya están dispuestas, falta qué cobrar, falta la caza.

En improvisado castillete se apilan las cajas de cartuchos: postas para pluma del 6, 7, 8. Una caja del 5 por si la paloma viniera alta. La posta para jabalí también se separa. ¡Para legalismos están! Apañado anda quien espere dar buena batida tirando sólo con bala. Escarmentados de tanto cartucho revienta escopetas, ahora compran los mejores: cartuchos franceses, italianos, americanos... extranjeros, vaya.

Zurcen morrales y engrasan botas recosidas por el zapatero de Jaurrieta y, apurando los días que quedan para la pasa, se entrenan a resguardo del montero, persiguiendo codornices agotadas por el asfixiante acoso del estío. Una puesta a punto. Un ensayo general de plomo y sudor frío, de sangre e instinto.

Prohibido escupir, prohibido blasfemar, prohibido cantar y reservado el derecho de admisión; prohibido jugar a pelota en esta pared y prohibido fijar carteles; prohibido entrar en la iglesia sin el debido decoro de medias y mangas largas; película prohibida para menores de 18 años. No son precisamente tiempos de grandes libertades los primeros setenta; por prohibir, hasta se prohíben los baños mixtos en la piscina de Educación y Descanso de la calle Goroabe. Y el recreo de los estudiantes en los institutos de la plaza de la Cruz se organiza en patios diferentes, celosamente distanciados por un basto muro de ladrillo, una segregadora celosía conventual que disuade, con eficacia de *apartheid* surafricano, el contacto de chicos y chicas. Al menos no está prohibido hablar con el chófer:

–¿Seguro que este autobús es La Salacenca?

–En los doce últimos años que llevo conduciéndolo lo era.

–¿Y tiene parada en Argondoa?

–En Argondoa y en donde haga falta. A elegir.

No soy el último en subir al autobús. Tras de mí, una túnica azulada bordada en vivos colores concita la mirada de los pasajeros. Un tintineo de pulsera tobillera la precede.

–¿Puedo colocar el violín? Es el único espacio libre de paquetes que queda. Oye, ¿que si puedo poner el violín ahí encima?

–Ah, sí, sí, claro que sí –pongo cara de ababol florido, y privándome de un horizonte menos tedioso, desaparece su pisar ligero de sandalias de cuero.

Ni siquiera en horas punta se sacude la Estación de Autobuses esa tristeza que universaliza a todas las terminales de viajeros del mundo. Son un paisaje provisional de gente que no deja huella, un escenario que se vacía de actores presurosos, esfumados en un mal truco de magia tras la humareda acre y negra de los tubos de escape. Las estaciones son un cruce de caminos donde siempre surge la duda de haber tomado la dirección equivocada. Ronronean una docena de autobuses cuyas líneas cubren diariamente Navarra. El chófer calienta motores y ultima encargos: sal de azufre para Ustés, que tienen ovejas con patera, un etiquetado presuroso al rollo de alambre que va para Güesa, unos cañones de carburo para ingenuas pero efectivas bombas espantajabalíes, medicinas, el envío de medidinas pedidas por la farmacia de Ochagavía y un gran sobre marrón, con radiografías del especialista, junto a variados envoltorios en papel de estraza.

En la radio, alguien de quien ella sabe dedica jotas de Patxi y Los Tres de Navarra a la chica más guapa de Larraga. Gasolina, tabaco y el precipitado regustillo de una última copa en el bar Tudela coctelean como supremos viáticos para un viaje que se adivina sesteante e invita a olisquear el aire perezoso del abanico de mi acompañante. Coronillas de Torrano, pastas de Salcedo sobre su falda recogida. A la vista las regordetas rodillas discretamente veladas por el azulado rafe de una combinación de satén. Suda con dulce viscosidad, con el chispeo comedido de los sudores rancios, con la irritante parsimonia del grifo mal cerrado, poniendo humedades aceitosas en el mentón, torrenteras de hedor salado por los sobacos. Y yo sudo con ella, por mimetismo, por la asfixia claustrofóbica del autobús, por el destino incierto que me aguarda al cabo del viaje.

Se levanta el reclamo del vendedor de pastillas de café y leche cuyas solapas forradas con décimos de lotería compiten con el sonsonete del «Para hoy, los veinte iguales para hoy» del sorteo de los ciegos. Las madres aturden a sus hijos exagerando peligros: «No te muevas que te mareas. ¿Ya has ido a mear? Luego no me pidas. Quita los pies de ahí. Deja pasar a la gente». El sol, colándose sin reparos por las ventanillas, busca con insistente obscenidad la densa caricia del humo de los puros que, voluptuosamente enroscado en la redecilla del contenedor de paquetes, maquina sus próximas correrías. ¿Quién diría que el humo de la faria tiene vocación viajera y flexibilidad de bailarina? Lo veo coronar el rabo turgente de las boinas, diluirse en sedosos soplos de tejido celular, descomponer sus líneas de fuerza en apoyaturas invisibles. Lo tengo encima restregando con gozo mis narices, tiñendo mi barba de tules canosos, maquillando de blanquecino gris el agobiado regazo de un autobús cargado de viajeros. Valsea arrastrando una cola de vahos caprichosos. En rítmicas bocanadas lengüetea los viejos arcos del puente románico de Aoiz cuya reproducción fotográfica, en el respaldo del asiento anterior, amenaza desbordar las aguas verdecidas del Irati. Fisgo de reojo, en el asiento contiguo, la portada gótica de Santa María la Real de Olite. Es la aportación cultural de la empresa de transporte. Podría haber sido peor si el decorador hubiese tapizado los respaldos con fotos de equipos de fútbol o calendarios de camionero internacional. Mi vecina, nada sobrecogida por la exposición fotográfica, cabecea dulcemente sobre su papada.

Salimos de Pamplona dejando Noain y el desasosiego del acueducto de Elorz que nos escolta: un enorme cepo para noventa y siete cabezas, una escarmentadora picota; la antítesis del acogedor crucero medieval a la entrada de los pueblos.

En los barbechos de pelo pincho, en los puntiagudos rastrojos de caras mal afeitadas, las ovejas besuquean rutinariamente su desgana de animal insulso. Cosechados trigales alfombran con natilla quemada la Cuenca en decadencia. Arruinadas casas solariegas, destartalados palacios de cabo de armería, ajados muros de mampostería, cubiertas derruidas, decrepitud en las solanas y herrumbre en el hierro forjado de las balaustradas. La carcoma talla aleros y voladizos en el abandono letal de los pueblos, de sus casas desiertas que algún día pasarán, en donación testamentaria, al Arzobispado o a sobrinos especuladores. Es la moribunda voluntad de viudas y ancianas solteras que huyen de sus casonas para encerrarse en la soledad de pisos mal ventilados del Casco Viejo pamplonés.

No me molesta la indisimulada curiosidad con que me siento observado. Más de un rabillo de ojo ensaya descabelladas cabriolas para captar algún detalle que identifique al forastero. A fin de cuentas soy un extraño, el único que no rima en esta exposición de fisonomías parentales. Están obligados a desenmascarar al intruso que penetra en el protegido mundo de su tribu. Me delata la piel cerosa que no refleja el curtido lamido de la vida al aire libre. Me traiciona un cuerpo de volúmenes estandarizados, ajeno al invertido cono de sus anchas espaldas. Me denuncia, es evidente, el descuidado estilo con que sumerjo mis manos en los bolsillos. La función de sus brazos es, gotear desde los hombros perdiéndose en la sima protectora de las perneras. Muchos sábados al mediodía, he coincidido con los montañeses poteando por los bares de San Nicolás y San Gregorio. Tras una mañana de recados, y antes de comer en el Marrano o el Otano, charlan animadamente en corros. Miro y remiro la caída de sus brazos y me confirma que es otro aprendizaje.

«Hay que dar imagen», aseguraba un compañero de odisea agitando el imaginario manual de urbanidad para el magisterio itinerante. En el tedioso peregrinar por alcadías y antesalas de poder rural, solicitando la plaza escolar, se aprende rápido a controlar los impulsos imprevistos, los gestos descorteses. Innumerables visitas a secretarías de villas y pueblos, con el muestrario de buen hacer pedagógico bajo el brazo, doman al más pintado. Con la única tarjeta de visita de un ¿da usted su permiso? he ofertado, servil, mi historial académico, garantía de efectividad docente para la escuela. «Nunca tendrán que arrepentirse de mi nombramiento, se lo aseguro». He recorrido más despachos que un concejal alternativo por el Tercio Familiar. He cosechado la misma indiferencia del Poder que Muez, Velasco, Martínez Alegría o López Cristóbal en su sorda pelea por arañar una mínima conquista desde su lucha municipal. He forzado la memoria de mi padre para que encuentre algún pariente, un cliente del banco, un conocido de la guerra. «Sí hombre, sí, el de la foto en que tú estás convaleciente del frente de Teruel. El que lleva bigotillo y se le escurre la mano por la espalda de la enfermera de cofia ladeada. ¿No es mandamás de no sé qué y pisa fuerte en Tudela?». Pero las recomendaciones y apadrinamientos de algunos nunca logran audiencia entre las fuerzas vivas de los pueblos con escuela vacante.

Domestiqué mi espontaneidad, una autocastración siempre bien vista por las juntas de baremación. Modulaba la voz, engolaba los acentos que pudiesen resultar atonales, pues estaba informado de la extraña tendencia a valorar las voces. ¿Buscaban locutores de radio o maestros? Tal vez medían los decibelios del futuro profesor que, a no dudarlo, debería imponerse al griterío de los chavales con la garantía de una garganta bien dotada y la reciedumbre cuartelera de una voz de mando. Con cierta dosis de teatralidad ofrecí lo que esperaban de mí, de cualquier otro. Metamorfoseé lo que de atrevido pudiera haber en mi mirada. Camuflé el constante y equívoco deambular de mis manos. Travestí, en suma, mi seguridad y mi confianza; y, camaleonándome a las fluctuaciones de la oferta y la demanda, me inicié en el fenicio chalaneo del trabajo.

–¿Así que es usted el nuevo maestro? –la rumiada impaciencia vuela desde la boca de mi vecina, a impulso de abanico–. La semana pasada lo vi en el pueblo. Vivo junto al ayuntamiento, ¿sabe? Me llamo Perfecta.

Asaltado en pleno recuerdo de la reciente experiencia mendicante, apenas si logro articular un monosílabo.

–Claro que entonces no tenía barba. Pues sí que ha tardado en venir. Fíjese, en la escuela de la concentración llevan tres semanas trabajando. Tendría que disponer sus cosas y que siempre da pereza moverse, ¿verdad?

¡Vaya bienvenida! Trato de explicar que el retraso no es culpa mía, que precisamente ayer me llegó el nombramiento. Aún más, gracias al deseo de normalizar el comienzo de curso, hemos estado presionando para que se acelerara la provisión de plazas. Desde principios de mes hemos sitiado la Delegación, pululando por sus despachos con el mariachi anual de los maestros interinos y sus sonatinas reivindicativas *Que bueno es el señor Delegado, que bueno es que nos lleva de ex-*

cursión... Lo de la excursión es un eufemismo para endulzar nuestras idas y venidas por la geografía foral. Como la reivindicación entra mejor con solfa, nosotros dale que te pego a las melodías infantiles, que se vea que los alumnos de Magisterio rentabilizan los sufrimientos musicales pasados con Claverol: *Donde están las vacantes matarile, rile, rile*... Los maestros siempre hemos cojeado del mismo cancionero para vergüenza ajena de los compañeros de Bachillerato con los que en ocasiones compartimos manifestación. Les comprendo muy bien. Es un cancionero más propio de revuelta de guardería que de lucha laboral.

–¿Le importa bajar la persianilla? Estos calores últimos son los peores. ¡Menuda chicharrina! –me interrumpe–. Cuando se necesite buen tiempo para la patata empezarán las lluvias y las nieves. El labrador siempre al cuidado del tempero –suspira, reencuentra postura y se amodorra mansamente.

Los troceados chismorreos del andén se readaptan a la nueva vecindad arrellanada en los asientos. Durante un par de horas el valle entero será esta Salacenca: feria de ganado, acuerdos apalabrados de tratante, antesala médica, ajustadas previsiones sobre el tiempo y la inminente recolección de patata. Habrá tiempo para hablar de la pequeña sala de fiestas que se ha inaugurado y del reparto de millones correspondiente a los últimos lotes de madera trabajados en el común del valle; se confirmarán bautizos, cumpleaños, aniversarios, bodas y cabo de años. Lo que ya no hay es misacantanos que agasajar, pues el Seminario se desbanda en un vacío de vocaciones, y los pocos que se ordenan lo hacen en la intimidad de sus comunidades parroquiales, lejos de cualquier boato.

Por el imperio hacia Dios y todos los caminos llevan a la sede papal en Roma fueron los indicadores iniciales de mi viaje por la vida. Predicadores sanguíneos o místicos, iracundos o reflexivos, pero todos igualmente persuasivos, venían a soplar en la llamita apenas destetada de nuestra fe. La de entonces era la única fe verdadera, si bien con el tiempo *La Verdad* se multiplicó de tal manera que todas las certezas dieron la sensación de vender el mismo espejismo. Eran misioneros de retaguardia que nos arengaban con imágenes anacrónicas sobre una Navarra menos rural cada día: «Se necesita vuestra vocación, vuestra entrega, porque la mies es mucha y los segadores pocos». Al sector tremendista de la Iglesia le costaba enterarse que el campo ya estaba mecanizado y se cosechaba con máquinas segadoras.

Venían a buscarnos aprovechando los ejercicios espirituales. Una vela sobre la calavera descarnada presidía la mesa del orador, sin más adorno que la cruz desnuda. El dedo alzado del director de los ejercicios era un interrogante en el aire: «¿No oyes que Dios te llama?». Y los sordos de corazón miraban hacia otro lado, como en un anuncio de audífonos. Aprovechaban también la campaña del Domund, un momento de ñoña solidaridad que precipitaba la decisión de entrega incondicional a los demás. ¿Cómo no compadecerse de aquellas cerámicas tan simpáticas con las que solicitábamos el aguinaldo misionero?

Las huchas petitorias simulaban cabezas de niños negros, cobrizos, chinitos... Imaginábamos que habían sido reducidas por los indios jíbaros a los que no guardábamos rencor, pues eran criaturas de Dios nuestro Señor, y por tanto sujetos de redención. Nuestro esfuerzo pedigüeño hacía subir muchos grados el termómetro rojo que contabilizaba el dinero recolectado en cada clase. Era un pedir más alegre y callejero que la ruindez de un sacristán reclamando, bandeja en ristre, el tributo eclesial. Sacristanes que, con la mano rápida de un bandolero del Maestrazgo, hacían sonar la calderilla ante los fieles acorralados, que soltaban los dos reales porque eran pasto de cien ojos conocidos. El Domund era otra cosa, no sé, un estilo más desenvuelto, más informal, más de olimpiada caritativa, más como de chicas de la Cruz Roja. Una cuestación que, en la euforia de la recolecta del dar al César y a Dios lo que es de cada cual, nos predisponía a sellar el destino vocacional con un: «Sí, Jesús mío. Quiero seguir tus pasos». El resto venía rodado, tal que las bolas de papel de aluminio que recogíamos para los pobres y cuyo destino final permanece como uno de los grandes misterios de la Iglesia que espero desvelen un día los archivos vaticanos. Seguramente, aún estén depositadas en gigantescos almacenes, olvidadas como los millones de cartas escritas por prisioneros de guerra. Misivas que reaparecen a los años metódicamente archivadas por funcionarios que alimentaron cruelmente la ilusión de aquellos condenados.

Ardientes frailes y párrocos vigorosos, entremezclando un apocalíptico ultimátum con técnicas de agitación y propaganda falangista, propagaban su seducción, mezcla de tierna agitación y apocalíptico ultimátum, con la calculada proyección cinematográfica de sensibleros documentales misioneros. Y nosotros, jóvenes generosos fácilmente impresionables, dábamos un decidido paso al frente. Recorrían los pueblos en razias asoladoras, vaciando eras y plazas que se tornaban silenciosas con sus jóvenes enclaustrados, en muchos casos de por vida. Aquellas levas para enrolarse en los ejércitos profesionales católicos permitieron, a no pocos, poder realizar estudios abriéndoles una perspectiva que la economía familiar les vetaba. Entre las órdenes religiosas y la Iglesia se dividieron las merindades en pequeños reinos de taifas: Aoiz para los agustinos de Artieda, Estella para el Verbo Divino. Los valles meridionales se volcaban en los capuchinos de Alsasua o Lecároz, y, revoloteando por encima de todos ellos, la sombra omnipresente del Seminario con su colosal y arquetípica cruz, banderín de enganche de la milicia ensotanada.

Aquella insignia cristiana estaba tan integrada en la estructura de la fachada principal del edificio como en la conciencia de todos los navarros. Nadie sospechaba que cruz y moral formaran parte de un mismo proyecto religioso-arquitectónico. Si su diseñador, Víctor Eusa, hubiera sido del Opus Dei lo habrían canonizado por santificar así el trabajo diario, por hacer del hormigón un eficaz evangelizador, por encontrar a Dios en los ladrillos como Santa Teresa entre los pucheros. Eusa desarrolló un estilo de austero racionalismo, de monasterio castrense, muy propio para el perfil de monje-guerrero que requerían los tiempos. Sus proyectos, civiles o religiosos, compartían la inamovible robustez de los cimientos de otras moles mastodónticas que dan carácter a la ciudad. El Monumento a los Caídos, con sus paredes esculpidas en un interminable listado de muertos por Dios y por España, es una cámara mortuoria en cuya cripta subterránea Mola descansa de día, para visitar, con la primeras sombras de la noche, a los pamploneses dormidos. El general golpista aprovecha, como las pesadillas, el nivel profundo del sueño para inocular su ponzoña, la idea de que nada debe cambiarse, de que los muertos regresan siempre porque aún están vivos en los libros de Historia.

La cruz del Seminario tiene el frente acristalado y la luz del sol ilumina su interior. En estos últimos años, la cruz que lo trasparenta ha logrado poner un punto de claridad en el vientre de la enorme incubadora religiosa. El Seminario se ha vaciado. Ha sido una terapia desintoxicadora a base de materialismo dialéctico contra el «opio del pueblo». Una reconversión al buen camino. Cientos de ex-seminaristas leemos el nuevo breviario y entonamos, a diario, sus jaculatorias: ¡Proletarios del mundo, uníos! (*El Capital, Libro de los nuevos profetas*, capítulo uno, versículo uno. Cito de memoria).

Conmigo no hubo necesidad alguna de campaña de reclutamiento.

–Y tú, bonito, ¿qué quieres ser de mayor?

–Cura para la Virgen –me reafirmaba.

Y mientras otros fantaseaban con ser kiliki, médico, bombero o lobo de Caperucita con pelos en las piernas, a mí se me iba la ensoñación en una nube de azulados rayos fosforitos y ángeles seráficos tocando el arpa. La viva estampa del niño San Tarsicio. Reconocí la vocación al instante, como un amor a primera vista. Y no creo recordar que fuera un fulgor celestial, la consabida aparición virginal a pastorcillos ingenuos, o una precoz crisis, tipo ¿quién soy, de dónde vengo, a dónde voy? con letra cantada por Los Panchos: *Que importa saber quién soy, ni de dónde vengo, ni adónde voy. Sólo quiero que me des tu amor, que me da la vida, que me da calor.* Mi vocación fue un juego de infancia. Me entretenía celebrando misas en un balcón de patio de corrala con olor a fritanga y bureo vecinal. Por altar, una silla; por casulla, una servilleta; el vino de celebrar era un trago de gaseosa Odériz, sangre de Cristo con burbujas embotelladas. La liturgia me fascinaba: el remeneo de capas pluviales, estola y sobrepelliz, las letanías monocordes, los panes dorados de los retablos, las cuerdas desgastadas de la campana de la iglesia que se deslizaban perfumando las manos con frescor de aguabenditera.

Yo también quería vivir en una leprosería de Molokai como el padre Damián, perder la salud consumido por las fiebres de la Amazonía o agonizar en una cabaña de barro y paja, rodeado de apesadumbrados negritos que bailaran rítmicamente para el Padrecito Blanco. Desgastaba las cantoneras doradas de los misales y contemplaba embelesado las estampas de los mártires, sensuales en su desnudez efébica, mientras aguardaban a los leones en la arena del circo. Siendo leído para mi edad (ya que no capitán del equipo de fútbol, algo había que hacer) me veía capellán en una expedición camino a las minas del rey Salomón, en pleno corazón de las tinieblas. Suponía que también se necesitarían curas a bordo de los buques balleneros. Los marinos son gente de mala fama a la que es preciso atender espiritualmente. ¿Quién absolvería al capitán Achab mientras se sumergía en las profundidades del mar enganchado al lomo de Moby Dick? Yo iba para cura moderno y buscaría una pastoral directa. Me dedicaría a la catequesis juvenil reconduciendo al buen camino a *Daniel el Travieso*, al *Guillermo* de Richmal Crompton o impulsando el asociacionismo juvenil, estilo el

Club de los cinco de Enid Blyton. Eran muchos los lugares que aguardaban la llegada de un cura joven e impaciente. Nunca faltarían piratas de Sandokán que redimir o indios que bautizar, salvo los mohicanos que estaban en extinción, y, lo que es peor, sin antropólogos comprometidos ni organizaciones humanitarias que lloraran por ellos.

AL TENIENTE GENERAL YAGÜE, CAPITÁN GENERAL DE BURGOS. INFORME DE LOS MOVIMIENTOS DETECTADOS ENTRE LOS ROJOS ESPAÑOLES ASENTADOS EN EL SUR DE FRANCIA. JULIO DE 1944

Servicio de Inteligencia Militar

Informe nº 1

Como consecuencia de la retirada del ejército alemán de Francia los rojos españoles que han participado en el combate bajo la denominación de Agrupación de Guerrilleros Españoles –fuerza autónoma dentro de las FFI (Fuerzas Francesas del Interior)– han quedado dueños de la situación en algunas zonas próximas a nuestras fronteras y cuentan con el apoyo de los comunistas franceses. Recientemente han sido homenajeados en ciudades como Pau, Burdeos, Tarbes o Toulouse. Incluso el propio general De Gaulle les ha agradecido públicamente la ayuda prestada en la liberación de Francia. Viven en el monte al amparo de una empresa legal de explotación forestal que controla el Partido Comunista, trabajan como leñadores organizados en *chantiers*, donde pequeños grupos de 10-15 personas se entrenan llevando un régimen de vida semi-militar.

Están organizados unos 3.000 hombres, modernamente armados aunque con el inconveniente de poseer una gran heterogeneidad de material: metralletas Thomson o Tern, carabinas americanas Rock 011, fusiles ametralladores franceses Maxim´s y pequeñas partidas de otros fusiles de repetición y pistolas. Asimismo, cuentan con bombas de mano americanas y alemanas y alguna ametralladora francesa Hotkins. Mucho de ese material ha sido incautado de los arsenales abandonados por los alemanes o sustraído de los envíos en paracaídas realizados por ingleses y americanos a la resistencia francesa. Han expoliado y saqueado a muchos pacíficos franceses en nombre de la Resistencia con el pretexto de la necesidad de dinero, armas o víveres para luchar contra el invasor. Todo lo saqueado es guardado en depósitos secretos.

Informe nº 2

Ha sido convocada una asamblea de mandos en la localidad gala de Montrejeau (Haute Garonne), totalizando unas 80 personas entre jefes e instructores de Brigada y Divisiones. El Estado Mayor de las llamadas Agrupaciones Guerrilleras ha discutido, bajo la dirección del individuo Ramiro López, *Mariano*, máximo responsable del Partido Comunista de España en Francia, una comunicación de la Junta Suprema de Unión Nacional pidiendo una acción masiva sobre la frontera que tuviera efectos inmediatos sobre el país, en lugar de seguir con una acción de guerrillas mucho más lenta.

Mariano defiende que se dan las condiciones adecuadas para conseguir el éxito, aportando como datos sobresalientes la desmoralización del Régimen de Franco, la división en el seno del Ejército, los deseos de liberación del pueblo español y el rechazo del franquismo, todo lo cual hará que el ataque sea la chispa que encienda una España en tensión, un verdadero polvorín que el hambre y la miseria lo coloca en situación prerrevolucionaria. Ha sido apoyado por un enviado de la Delegación del Comité Central en el interior de España, donde nuestras fuentes de información sitúan a Quiñones, Trilla y Monzón.

Muchos presentes en la asamblea han mostrado su desacuerdo con esta táctica ya que podría significar la eliminación en bloque de la guerrilla, en caso de ser derrotada. Abogaron éstos por efectuar infiltraciones de pequeños grupos (seis u ocho hombres) que vayan asentándose en el interior y en las diversas zonas de la geografía peninsular, a retaguardia del ejército guardián de los Pirineos. Sin embargo, Unión Nacional ha logrado imponer el criterio de una invasión en masa con el argumento de que la liberación de una parte del territorio español tendría una enorme repercusión internacional, legitimaría la lucha armada y haría participar a los indecisos, inscribiendo la liberación del franquismo dentro de la lucha general por acabar con el fascismo en Europa. Aprovechando que los ejércitos aliados se ocupan contra la Wermacht alemana, creen llegada la oportunidad de irrumpir en España para provocar la caída de nuestro Glorioso Régimen, lo cual forzaría a los aliados a decidirse en una ayuda más directa y comprometida para reinstaurar la República en España.

Informe nº 3

Recientemente se han distribuido armas, municiones, equipos, prismáticos, algunos fusiles ametralladores y morteros, y bastante cantidad de propaganda impresa en Toulouse, destacando grandes carteles para fijar en las paredes, encabezados por la bandera republicana y que en caracteres visibles dicen: «Como en julio de 1936; por España, por la República: Todos unidos». También se han repartido víveres para diez días, con la orden de que transcurrido ese tiempo deberán procurárselos sobre el propio terreno. Los rumores de una intervención inmediata son constantes, pero es un secreto perfectamente guardado el punto por el que está prevista tal invasión. Existe una gran tensión ambiental fácilmente perceptible.

Otoño es un vuelo tibio de palomas, un zigzag de aires desnortados, una acolchada sensación de plumas cenizosas resuelta en picos de torcaces. El alba bosteza todavía y la bandada ha dejado atrás las Landas, su fragancia de pinos resinosos, la quebrada sinuosidad del dobladillo playero. Al intuir la sombra calcárea de los escarpes pirenaicos, se reordena la inercia de los músculos entumecidos. El aire arremolina mensajes ensombrecidos y presagia un acoso de palomas que vadean puestos fronterizos. La muerte aguarda en el interior de una escopeta pulimentada, pero ellas continúan su absurda geometría de vuelo en paralelo, su ejercicio de acrobacia aérea. Han sido instruidas para mantener el orden de la formación y afrontar el peligro con estética elegancia, como toreros antiguos, como cisnes educados para morir de un modo bello.

Gritan que a la izquierda. En Lepotxuri hay cazadores. Cierran los ojos antes de ver a las grullas, alineadas con el cielo, remontar Iturzaeta en horizontales diagramas encendidos por el sol naciente. La fuerza centrífuga de la bandada las arrastra. No miran abajo. Conocen bien aquellos puntos minúsculos escondidos en la cresta de Betzula. Saben de hombres abotargados por el madrugón y los tragos de bota de un almuerzo copioso. Hombres que entretienen la espera entre cigarro y petaca, soportando el frío de la madrugada, las horas muertas, los madrugones de estrellas insomnes y lunas escarchadas. No fallarán sus disparos. Sería humillante luego de tanto tiempo y esfuerzo empleado. Dicen de subir más y remontan el copo sedoso de una nube despistada. Hay un ritmo intenso, un crescendo acompasado, uniforme. La voluntad socializada de la bandada se unifica, se aprieta volando hacia el suicidio ritual en este laberíntico corredor del Pirineo. Desde Ori, un pájaro de leyenda espera la consumación trágica del ciclo otoñal. Hasta los ciervos enmudecen su berrea.

La impotencia frente a un destino profetizado, la resignación de un viaje *kamikaze* que acabará sin héroes las sobrevuela como la negra amenaza de un milano. Puede más la costumbre de los siglos, la inercia biológica que las sugerencias por cambiar de rumbo, por buscar nuevos pasos. Cualquier proposición choca contra los viejos hábitos enquistados. La experiencia enseña con trágica puntualidad, y la pagan sangrantemente, pero todas aceptan la decisión general y desechan la posibilidad de salvarse en solitario.

Cae inevitablemente sobrecogida. El cosquilleo de las alas le hace perder puestos chocando aparatosamente con quienes volaban rozándole. No se engaña, y menos ahora que el grueso de las compañeras se distancia. Aun siendo imposible volver a situarse junto al acorralado resto de la bandada que pugna ciegamente por seguir adelante, concentra toda su capacidad en las alas, dejándose de porqués y condolencias sobre una matanza que pudo evitarse. Hay palomas veteranas con el cuerpo cicatrizado que han sobrevivido por un derroche de disciplina en ocasiones semejantes.

En los primeros momentos son dos movimientos falsos, a derecha e izquierda, como en una jota o una purrusalda, si bien las alas menos airosas que el brazo alzado de los danzantes. Los perdigones incrustrados pesan. Gira sobre sí misma, una, dos veces, y enseguida, de modo irremediable, se precipita en su propia vertical.

El otoño se abriga con espalderos rojizos. La tierra tiene pelaje de toro carriquiri, tonalidad de vaca betizoa. Nunca había observado tan detenidamente estas pendientes recrudecidas, los rasos de Akerrería, los pastizales desmayados por el verano. Es una paloma joven, y en las pasas anteriores iba con los ojos semicerrados, fijos en la espalda de la compañera que la precedía. Trataba de evitar el miedo y la muerte no mirándolos de frente. Conforme se acelera el descenso, aumenta la precisión de los detalles: manos que gesticulan, alboroto inusitado en estos páramos solitarios, zamarras oscuras, descintados gorros tiroleses perlados de aguazón (¡Cuántas fiestas, cuánto *Vals de las vacas muertas*, cuántos ticos-ticos habrán bailado sobre la sudada cabeza de ese mozo!). Aprecia el veteado del liquen filtrándose en el roquedo, los improvisados puestos de caza cubiertos con tepes terrosos. Todavía explotan pequeñas cometas blancas, un último disparo con la inicial marcada de alguna compañera retardada.

El suelo se agiganta, quiere creer que Alupena, Lapatía quedan a su espalda y Gaztanbidea...¡qué importa ya! Cualquier paraje es un mal cementerio si es el tuyo. No hay montañas, carreteras ni ríos en su perspectiva. Tan sólo el inmenso herbal que inunda por completo sus ojos, que pierde límites, que se achica encogiéndose en círculos concéntricos, tan próximo que puede contabilizar los tallos de hierba. Calcula inconscientemente el punto de caída en unos brezales que salpican el campo simulando un damero con las retamas descoloridas y los agónicos basanchurros.

¡Crac!, el saltar de un parche tenso de atabal, roto hasta el bordón metálico. No ha sido más el sordo choque del cuerpo, insensibilizado, dormido por el cosquilleo de las malas posturas. Una bota de goma negra la remueve. Reconoce los rígidos rasgos de malogradas compañeras que, colgadas del cinturón del cazador, gotean cuentas rojizas en los pantalones, en una sotana.

–¿No se está dando mal la mañana, eh, don Salvador?

–Va buena la cosa. ¡Que cunda!

La cocina económica se levanta sobre el antiguo fogón. La vieja campana de la chimenea, negra de hollín, pende desfuncionalizada. La talla de un ciervo rampante, un sucedáneo de baratija heráldica, da fe de la habilidad cazadora de los hombres de la casa («Tiro al plato. Primer premio. Fiestas de Oronz, 1971»). La mesa de familia campesina se alarga hasta el rincón de la televisión que, olvidada por todos, murmura reportajes ajenos a sus diarias preocupaciones. Más por manía de hombres de campo que por devoción informativa al «Parte», guardan un atento silencio para oír el pronóstico del tiempo.

–Coma, coma –insiste Marcelino con alentadora hospitalidad, desmigando el pan sobre un puré de bisaltos–. Yo soy de los que empieza con pan y con pan acaba las comidas, como debe ser. Esto es alimento –señala el cabezón amasado a mano y cocido en el horno de leña de la panadería.

A. L, las iniciales entrecruzadas de un mantel de hilo, bordadas en labor escolar, me hacen los honores esta noche. Un tímido, «Oiga, por mí no se molesten», es respondido por un contundente: «Faltaría más, como si fuera molestia...».

Dejo el palillo fruncido en los agujeros de la vainica, digo que aproveche e insisto en que no tengo apetito.

–Nunca rechace un plato. No vaya a contar, como la última vez que estuvo, que se fue de hambre.

–Pero si yo no he estado nunca –respondo como un imbécil.

–Era una forma de hablar. Si hay que morir, que nos pille hartos, que todo eso llevaremos por delante. El comer, aunque ocupe lugar, nunca ha hecho mal a nadie –apunta con el dedo índice la cabeza y reímos la salida.

Los hijos asienten observadores. Cuatro pares de ojos infantiles, con la cuchara a medio camino de la boca, no pierden detalle de cuanto hago y digo. En la clase de mañana alardearán con información de primera mano: «Que el maestro se llama Daniel, que ha dormido en mi casa».

–Venga, y vosotros a cenar también que parecéis arguillaos –tercia la madre en un trasiego continuo de la mesa a la chapa de la cocina.

–Me ha comentado la dueña que tiene usted intención de trasladarse a la casa del maestro. Hasta ahí podíamos llegar. Tener que andar cocinando, lavándose la ropa... ¿Ande se ha visto eso? Hace años que no se usa. Los maestros anteriores siempre han caído aquí de pensión. A su habitación, casa del maestro le decimos ya medio en broma –sirve un par de cazos más de puré.

Se le ha pegado a este campesino de manos trabajadas un coloquialismo en la conversación: directa, fluida, en confianza retomada del contacto con maestros.

–Va a sentirse como en casa –Marcelino no disimula la satisfacción personal de tenerme alojado.

De la fuente de loza blanca asciende un espeso olor a guisado. Media docena de palomas sobresalen en una salsa fuertemente especiada con vinagre y laurel.

–Paloma de pasa. Las primeras –se ufana con guiño cómplice–. Pocos las habrán visto este año.

–Y menos comerlas –rubrica Ángeles, su mujer, de cuyas manos trato de recuperar mi plato.

–No, no, gracias –murmuro ante su extrañeza–. De verdad, es que no puedo. He tomado un plato enorme de puré. No debiera haber cenado nada. Me mareé un poco en el viaje –me justifico apresurado.

–Hombre, ¿cómo no lo ha dicho antes? Ahora mismo le preparo una manzanilla y se queda como nuevo.

–No, si yo...

–Y a ver si tú acabas lo tuyo. Como dejes algo, pobre de ti –nada puedo hacer por el pequeño Raúl, que se le ve melindre y envidia el trato de favor que me permite eludir la cena.

Desde la cama estrello mis ojos sobre bolsas y maletas sin abrir. El cielo raso se abomba denunciando la presencia enterrada de las vigas. «Ahora todo el mundo las quita, pero así es muchísimo más caliente en invierno», ha comentado Ángeles en un remeneo de ventilar el cuarto y cambiar la camamuda. De la cocina llega asordinado el entrechocar de los platos de duralex en la fregadera, armonizados por el monocorde bajo de la televisión. Sábanas de lino para el huésped, camarropa de ajuar heredada de la madre. Blancura almidonada que los armarios decoloran con olor a musido, a pesar de espliegos y tomillos que ponen fragancia de hierba en cómodas y alacenas. Mi pituitaria aún retiene otro olor silvestre parecido, el de la chica del violín, Raquel, sí, que me ha indicado la localización de esta casa, casa Xardoi.

Inspiro el frío del dormitorio y la tibieza de mi propia respiración y, al acunarme el primer sueño, aspiro otros aromas que vienen de antiguo: olores a ropa de seminarista, a sudor colectivo de cientos de jóvenes compartiendo la espera de un éxtasis que no llegaba. Estoy en Argondoa, tranquilo, sin el terror profundo de aquellas noches del Seminario en que demonios saltarines se adueñaban de las sombras del dormitorio. A la ventana de mi cuarto llegaba el resplandor televisivo de un chalé de la calle Media Luna. Yo controlaba a diario la programación y tarareaba la melodía de *El Santo*, con Roger Moore en el reparto estelar. Suponía a mi familia frente al televisor y, falto del «buenas noches» de los míos, una congoja extraña me dolía en la garganta. Luego, supe que aquella casa era de un dentista nacido en Ochagavía, aquí al lado, cerca de donde hoy trato de pasar mi primera noche de maestro rural.

Ahora me arrebujo en las sábanas, en la confiada embajada del lecho, muy lejos de los años en que aguardaba con miedo paralizante la próxima luz del día. Pero la vida es prosaica y vulgar, e incluso en el Seminario –una reserva espiritual ajena a este mundo–, tras el terror cósmico de la oscuridad, se deslizaba un tufillo de chorizo escondido en las baldas de los armarios, bajo la ropa interior limpia. Nunca faltaba el compañero voraz que, sin reparar en ayuno ni vigilias cuaresmales, saciaba con bocadillos de pan duro, precipitación y mala conciencia, un hambre juvenil indefinido, un apetito más allá de lo físico, una ansiedad ingobernable que sólo fermenta en los internados masculinos.

Y sin embargo, le debo al Seminario las mañanas más sensuales de mi vida, alboradas de marfil en los despertares de mayo. Un murmullo de canto gregoriano se expandía por los corredores interiores, *Veni Creator spiritus, mentes tuorum visita*... Negras filas de seminaristas en reflexivo recogimiento. En la piedra helada de los muros reverberaba el sedoso arrastre de cientos de zapatillas; luchaba el día por imponerse al escalofrío de los pasillos sombreados por altísimos ventanales. Un jabonoso olor de vestales inmolados fumigaba los umbríos jardines de clausura, mientras los cipreses cimbreaban en busca del sol que se anunciaba en los tejados. Hiedras oscurísimas vigilaban aquellas enfebrecidas vocaciones religiosas ateridas por la rosada. Los pelos hirsutos, rebeldes como nuestra adolescencia, eran dolorosamente domados con agua y jabón en la media raya. El ¡*Arriba España*!, peinado de modas imperiales, declinaba ante el renovador ímpetu peluquero de la Iglesia.

Gure haur honen dotea
maraskuilu hutsen betea

La Salacenca traquetrea paralela a los estanques canosos de Salinas, donde los pies de la Higa de Monreal se harinean en aliviado baño de sales. Las pendientes iniciales de la montaña son dedos regordetes puestos a remojo para su alivio. La niebla oculta la cumbre. La niebla, ese trozo de cielo caído en un descuido de los dioses, corona los portillos de sierra Alaiz y se interpone cegando la mirada que ambiciona otear la cima.

El sol ya no pinta reflejos de purpurina en los pozos resecos de las antiguas saleras. Los manantiales de Bombosín, Soteguía, Bozonausi y Aniurra borbotean su caricia terapéutica bajo tierra. No fluyen al exterior y es su caudal un lamento en la oscuridad, un lloro profundo de simas interiores. Agotada la generosidad mineral que manaba de sus bocanas, ahora derraman un olor leporino, una costra enferma que contagia el paisaje privado del benéfico contacto de la sal. En el autobús las conversaciones se amodorran, se puntean los silencios. Colean, somnolientas y fugaces, las telarañas de humo del tabaco. Derramando gorjeos por la boca entreabierta, doña Perfecta echa una cabezada, mecido el abanico en el vientre apenas contenido por la faja.

La larga carretera de la llanada de Monreal se alarga infinita. Vienen a la memoria los versos del olvido, el más triste romance con que Fermín Valencia mece la cuna de los vencidos de la guerra. La nana sangrienta del niño que acompañaba a su padre a vender sal a Sangüesa:

Al llegar al alto Loiti
lamentos de muerte oyeron
tirado entre unas ollagas
malherido a un hombre vieron
¿Por qué lo habían herido?
al oído le dijeron.

Por ser un republicano
de noche me prendieron.
No *me ayudéis les decía,*
no me ayudéis que me muero
que los que aquí me han traído
os podrían matar luego.

Si *subes al alto* Loiti
y miras el Pirineo,
verás las nieves que fueron
testigo de lo que cuento.

Hubo un niño –de Aibar, de Cáseda, de Sartaguda... quién sabe de qué pueblo– que creció mirando esta carretera en que su padre hizo el último viaje. Un niño que nunca tuvo el cinturón de cuero que él dejó en recuerdo a los que le socorrieron. Esa carretera nunca será para él otra cosa que una dirección hacia lo terrible, la antesala al dolor definitivo. Cada vez que viaja por ella, busca encontrar a su padre haciendo autostop. Lo imagina como aquella alma en pena del cuento de terror que detiene un coche, sube a él y, antes de desaparecer de nuevo, dice al chófer: «Ten cuidado en aquella curva, yo me maté en ella».

Jamás logra ver a su padre y le duelen los ojos de forzarlos sobre la hierba rala de la cuneta. En cambio, sí oye un canto extraño, una melodía que se sobrepone a las voces de los viajeros, una copla de escalofrío que nadie sino él escucha, *Hemos de matar más rojos que flores hay en abril.* Entonces se convence de lo inútil de su esfuerzo, y se duerme con la frente apoyada en la ventanilla, ajeno a la vibración del cristal, muy lejos de la punzada que hiela su corazón.

Cuando fuimos jóvenes, la interminable recta de Loiti era tan sólo el camino obligado de las Javieradas. Cada año, miles de muchachos superábamos la prueba sagrada: demostrar nuestra virilidad incipiente, nuestra capacidad de aguante, nuestro instinto de supervivencia ante un reto religioso-deportivo, una carrera de ángeles en chirucas, una apuesta de deporte rural teñida de bienaventuranza. ¡Bienaventurados los que vengan en pos de mí, porque de ellos serán las agujetas! Caminábamos con la garantía de que el esfuerzo tuviera la recompensa de una indulgencia plenaria.

Para quienes habíamos entregado lo mejor de nuestra vida a la Iglesia, no había más puerta de acceso al mundo de los adultos que la Javierada. Los seminaristas estábamos excluidos de la fiesta profana, y el encierro era espectáculo morboso y nada edificante. La mili era un lejano desfile de clarines marciales donde poder oficiar de ayudante del capellán castrense; y de otras primeras veces para hacerse un hombre –más carnales y placenteras–, ni se hablaba; aunque supongo que se ejercitarían a su modo. Pendientes de la Javierada, entrenábamos rigurosamente nuestros cuerpos con largas caminatas mañaneras que provocaban la curiosidad de los paseantes. Se paraban a contemplar, con sonrisa entre complacida e irónica, a cientos de seminaristas recorriendo a buen paso los extramuros. Tatuábamos la piel con las ampollas reventadas por el asfalto. En las rozaduras, en la mutilación ritual de los pies, había un oscuro recuerdo de fimosis ancestral. Confesar y comulgar bajo los muros del Castillo de Javier premiaba nuestro demostrado valor en un reconfortante acto de armarnos caballeros de Cristo. Casi como los ex combatientes de la Hermandad Canónica de Caballeros Voluntarios de la Cruz que impulsaron la peregrinación en 1939. Casi casi como ellos, pero con las pecheras menos cargadas de medallas y las conciencias algo más ligeras.

DE ANTONIO DE LIZARZA IRIBARREN AL EXCELENTÍSIMO SR. CONDE DE RODEZNO, VICEPRESIDENTE DE LA DIPUTACIÓN DE NAVARRA. AGOSTO 1944, V AÑO TRIUNFAL (Confidencial)

Conforme a la entrevista mantenida en Diputación, respecto a la necesidad de crear una Jefatura Regional de Partidas que pueda colaborar con el Ejército en la contención de los rojos que pretenden irrumpir en España, organizados en maquis para provocar revoluciones y encender de nuevo la guerra civil, le informo que, tomando como base los antiguos jefes de Requetés y los excombatientes de los pueblos, se ha dividido la provincia en cuatro zonas: Norte, Estella, Sur y Navascués.

Navascués y la zona Norte, en la que queda incluida Pamplona, eran las más difíciles de organizar debido a múltiples razones, tales como ser las que primeramente sufrirán la embestida, el carácter más frío de sus habitantes, así como cierta influencia del nacionalismo y el propio cansancio de la guerra. Todo ello me hacía temer una pobre acogida a nuestros proyectos. Me encargué personalmente de la organización de estas dos zonas. Don Juan Villanueva y don Amadeo Marco me han ayudado mucho. También trabajó incansablemente don Antonio Garro, que todas las tardes salía con su moto a cumplir las consignas que yo le daba. Como resultado de estos desvelos se han podido organizar cinco partidas en la zona Norte y cuatro en la de Navascués. Consigno en este informe la estructura de esta última a la espera de hacer lo propio con la correspondiente a la zona Norte.

Zona de Navascués

Jefe, don Amadeo Marco Ilincheta, capitán de Requetés en el glorioso Tercio de Nª Sª del Camino y Medalla Militar Individual.

La 1ª Partida con 256 hombres. Valle del Roncal, 66; Salazar, 140; comarca de Navascués, 50. Tiene por objeto la vigilancia de los pasos pirenaicos de Salazar y Roncal.

La 2ª Partida de 182 hombres en los valles de Esteríbar (133 guerrilleros), Erro, Burguete y Aézcoa el resto. Se encargarán de controlar las salidas correspondientes de su zona.

La 3ª partida con 68 hombres. Aoiz, 52, y Urroz, 16 para vigilar su propio territorio.

La 4ª Partida de 164 hombres. Se ha preparado en la línea Sangüesa-Lumbier-Monreal, para cortar la comunicación de Pamplona a Jaca. (Sada daría 25; Aibar, 39; Cáseda, 65 y Lumbier, 45).

Estas cuatro partidas suman 680 hombres y tendrán como refugios los montes del Roncal, de Abodi, la sierra de Navascués, las de Alaiz, Izco y Leire.

Puedo decir que he encontrado un estupendo espíritu en aquellos bien ponderados y admirados antiguos jefes de Requetés. Casi todos han respondido magníficamente, y no digo todos, porque bastantes de ellos cumplieron ya su juramento de fidelidad para con España dando su vida en la pasada Cruzada Nacional. No hay palabras para la alabanza de estos buenos españoles. Supieron organizar el estallido glorioso del 18 de julio; acabada la guerra volvieron a sus casas sin pedir nada. Y cuando de nuevo se les pide su concurso lo dan leales y bravos. En ellos está el mejor espíritu de Navarra. Que Dios les bendiga por su generosidad y su patriotismo, que en lo terreno no cabe recompensa.

Antonio de Lizarza Iribarren

El pueblo se dispersa y busca en el monte el abrazo del bosque que exhala su propio aroma de colonia vegetal. En torno a la plaza, se apiña el caserío reconstruyendo callejas y recogidas plazoletas al abrigo del viento: pequeños rincones, mínimos espacios de convivencia pública a los que asoman huertas familiares pegadas a las viviendas. El olor a calostro de oveja paridera, bajada del puerto tras la sanmiguelada, rezuma en un par de portalones agriando el aire puro y cortante que viene de la noche. El empedrado de las calles se hunde y descompone en muchos puntos. Carlos, el hijo mayor de Marcelino que por lo crecido debe ser de octavo curso, asegura, en su papel de guía, que acabarán por asfaltar las calles, pues las tuberías del agua se revientan con el trasiego de los tractores.

Por un estrecho pasillo en el que las balconadas de las casas chocan como carneros de pelea, hemos dado la vuelta a la plaza desembocando en el espacioso frontón, regalo de un emigrante que, arrastrado por la depresión emocional y el desastre del 98, vino desde Cuba a morir a casa: «Que me entierren y me recen los míos, no vayan a hacerme vudú estos morenos». Además de financiar la construcción del frontón, y un aska-fuente con dedicatoria en bronce («Teófilo Abaurrea a sus paisanos, 1910»), dejó el indiano una extravagante manera de hablar en verso, aprendida en la isla caribeña. En décimas contestaba los días de buen humor, y los de tormenta lo hacía al mismo son. Su sobrino Dionisio, heredó la afición y, pasados sesenta años del regreso del cubano, seguía hablando en rimado, sin cuidado en la combinación de los versos octosílabos. Dionisio adoptó el mote de El Americano, sin haber visto más mundo que Pamplona, cuando la mili, y Zaragoza en el viaje de bodas: visita al Pilar y a la tía monja en Calatayud. Últimamente se anima a ir con los hijos hasta San Sebastián que recuerda abierta y luminosa, a pesar de haberla conocido tras la guerra, cuando fue una ciudad conquistada que, sin aceptar la humillación, sobrevivió con el aire de aristócrata arruinada que mantiene el porte altivo y orgulloso en medio de la catástrofe.

Del hermano mayor de su padre quedaron en el armario perchas con camisas guayaberas y pantalones de dril de dobladillo vuelto, sombreros jipijapa con banda oscura, zapatos blancos de rejilla e incluso un bastón de empuñadura tallada con la cabeza de una mulata cuyas facciones el roce de los años había desgastado. Un día cualquiera de las fiestas patronales, Dionisio vestía de colonial y se tomaba el vermut con finuras de señorito. Inspiradas en los sucedidos del año improvisaba ocurrencias chocantes que recitaba sin respeto a las leyes de la versificación. Se hacían risas a su costa, y hasta tuvo imitadores en el vestir, que no en las veleidades literarias. Luego, les dio a los mozos por lucir camisas floreadas y blusones con el nombre de la cuadrilla: Axeriak, Basurdeak, Tejones y fierezas por el estilo. Mas, el año que mimetizados por la fama de los Sanfermines se disfrazaron de pamplonicas, Dionisio decidió no descolgar más su fresco traje isleño.

Plantado bajo el dintel de la puerta, me saluda con la cortesía de quien ve pocas caras nuevas. Espigado, de mirada exagerada, Dionisio sonríe convenciendo de antemano toda reticencia a regatearle un «¡hola!». Carlos, muy en su papel de cicerone e introductor de embajadores, se me adelanta en la presentación, a la que el versificador responde sin aguardar un compás de espera:

–Bienvenido, maestro nuevo,
le decimos en el pueblo.
Lo malo aprendemos solos
venga a enseñarnos lo bueno.
Que no le asuste el silencio,
los fríos del duro enero
porque un pueblo sin escuela
es pastor sin espaldero.

–Está como una cabra –diagnostica Carlos.

–Es todo un detalle –le corrijo. Aunque los versos no sean de antología, y el detalle algo extravagante, se lo agradezco sinceramente.

–Deje al mocete, a lo mejor hasta lleva razón –intercede previendo un rapapolvos.

–Ya me extrañaba que, además de cura, guardia civil y maestro, no hubiera un poeta en cada pueblo –no hay ironía en mi comentario.

–De los tres primeros fijo, aunque el guardia tenga cuartel en Ochagavía y el maestro aparezca a temporadas. De poetas, nada de nada. Es sólo un juego.

–Un juego distinto e ingenioso.

–Una tontería, un entretenimiento de gente solitaria. La necesidad de quien ha pasado mucho tiempo en el monte y ya no sabe cómo hablarse a sí mismo.

En los antiguos lavaderos, el agua que baja de Santaiturria pone una murga suave, un runruneo de conversación entre mujeres. El chor-chor del caño se expande multiplicando su eco por las paredes desnudas. La humedad es intensa, y las tinas de piedra en que apoyaban las tablas de madera de la colada –blanqueada con ceniza y azulete– semejan la bajada de almadías de una presa. Dan las diez en el reloj de la iglesia y su llamada es una onda concéntrica en esta atmósfera verdeazulada. El tañer de bronce del campanario duerme sumergido como una leyenda marina. Del fondo del estanque se elevan pequeñas burbujas, fragmentos de tiempo que el agua se tragó y vuelven a la superficie reventando con estertor de ahogado. Iglesia y lavadero se miran, frente por frente, uno a la sombra del otro. Ambos lavaron y purificaron durante generaciones la suciedad física y espiritual del pueblo. Limpiaron cualquier sombra de impureza e inmundicia, pecados, al fin, que afectaban por igual a personas y vestimentas.

Los vencejos anidan en la techumbre del atrio de la iglesia, revolotean entre los plataneros de hojas otoñales y sesgan el espacio con una admiración breve y sonora. Son los únicos seres alados que viven en el templo, pues los ángeles, con menos sangre en el cuerpo, emigran a tierras de fe volcánica donde sus túnicas livianas sean abrigo suficiente en los meses fríos. Las aves son compañía fiel que escoltan a las campanas, entonando a dúo las horas, las medias y los cuartos, los toques de misa o de rosario. Sólo en los funerales permanecen mudas, respetando el duelo en silencio apesadumbrado. Antiquísimas lápidas mortuorias enlosan el suelo del pórtico. Tallaron a cincel los apellidos cuyo solar se pierde en los libros parroquiales; otros datos se han borrado bajo el pisar de los vecinos. Muertos, enterrados y hollados durante siglos. Es difícil que el polvo de estas tumbas mantenga una pizca de orgullo por el linaje otrora ilustre. Las suelas de abarca de esa mayoría que nada ha sido borraron sus nombres y ahora apenas se distingue un Ezpeldoy, un Goyena, un casa Martinbelcha que en sí mismo poco dice de pasadas glorias a los actuales habitantes del pueblo.

Apresuro el recorrido. Se me espera en la escuela a las nueve y media y la impaciencia de Carlos, que consulta el reloj de la torre, me lo recuerda. Templos solemnes o rústicas ermitas, cuevas de estalactitas misteriosas o pétreos monumentos prehistóricos, todo lugar que haya sido sagrado para el hombre lo es también para mí. Asumo que me reste de por vida olor a convento, gestos asimilados de seminarista, una invisible aura, una tonsura impalpable que oscila en la cabeza; signos todos ellos que permiten reconocernos a quienes, sintiéndonos llamados a empresas de salvación, compartimos en su día impulsos místicos.

Hurté al Seminario la luz desconchada, la vaporosa fluidez del aire suspendido en la piedra tornasolada de los claustros, la irresistible atracción por la calma solemne de las catedrales cuando la ciudad duerme calurosas sobremesas de verano. Heredé del Seminario el gozo del silencio, el inigualable abrazo de la música reposada en la sillería de los coros, la atmósfera empapada por el humo de incensarios y velas que irritaba la garganta y nos emborrachaba como mirra de harén. Hice míos el asmático embrujo del fuelle de los órganos, la lustrosa caricia de los atriles, el olor del barniz de los bancos de madera. Y cuando en los primeros devaneos de laicismo mezclado con vergüenzas adolescentes, me resistía a santiguarme delante de una iglesia, el dedo renegado atormentaba mi debilidad. «¡Tu primera cobardía!», acusaba una vocecilla interior. Y me signaba, finalmente, en cualquier esquina, con el remordimiento que acrecienta el sentirte un gallina.

Os veo tan quietecicos, tan serios en vuestros pupitres que me turbáis. ¿Y aquél? ¿Ese pequeño también viene a la escuela? Los brazos cruzados sobre el pecho, nadie se mueve. Formados junto a las mesas en una posición entre espectante y agarrotada, me miran fijamente, atrincherados en sus refugios, protegidos por los libros, un murete de sacos antibalas, ¿antiprofes?

El carraspeo es trampolín que precede al diálogo. «Yo soy Daniel». Dicho. A mí, que no me cuesta hablar con cualquier adulto, titubeo ante estos veintiséis mocetes que me observan sin pestañear, recorriéndome de arriba abajo. ¡Puñeta de chavales, si es que me intimidan! Lo de pasar lista resulta muy cuartelero y no voy a ponerme a consultar libros de texto con interés falseado. Me lanzo. «He venido aquí a tratar de ayudaros en vuestros estudios, y a que vosotros me enseñéis también cómo es todo esto, vuestra vida, el pueblo...». Ya salió el discursito pedante. Empalagoso de puro progre. Además, lo de querer aprender de ellos se lo han tomado a chunga y ya anda alguno preguntándome las tablas de multiplicar. Prosigo: «Los mayores ayudarán a los pequeños. Todos seremos maestros y alumnos al mismo tiempo».

Hay quien se ríe por lo bajo y, camuflados tras la espalda del compañero anterior, se entrecruzan signos sobre mi evidente desequilibrio, como diciendo: «¡Pero qué anda éste! ¿Que le enseñemos nosotros? Necesitamos un maestro, no un aprendiz. ¡Para eso que no hubiese venido!».

Suben atropellados, zancadilleándose, atravesados entre mis piernas. Corren sofocados para adelantar en casa la noticia: «Estamos enseñándole el pueblo al nuevo maestro». Algún vecino observa en la ventana, transfigurado el rostro tras los visillos. Hay quien se frota las manos en la mandarra y decidida nos ve pasar desde la misma entrada de la casa. Saludo a una sombra huidiza que no me corresponde. «Es Críspulo –me aclara alguien–. Como dice mi padre, a ése hay que darle de comer aparte, menudo baluxan».

–Mire, ¿ve usted?

–Que me llaméis Daniel.

–Mire usted, Daniel, aquí antes estaba la herrería, y ésa de ahí es casa Arozarena.

–¿Sabéis qué significa Arozarena?

–Cabezón, como éste que es de esa casa –ríen todos.

–No, no. Aroza es un palabra vasca que indica que en ella vivía un herrero. A lo mejor no es casualidad que esté precisamente junto a lo que fue herrería.

–Pero nosotros no somos vascos –contestan al unísono como un coro de tragedia griega.

–Ya. ¿Quién ha visto herrar caballos?

–Yo sí, yo sí que lo he visto a unos gitanos que vinieron hace dos veranos con carro y todo. Les desgastaban las pezuñas como sacándoles punta y luego les probaban la herradura que les iba bien.

–Una zapatería para caballos, vaya –aporto una comparación forzada.

–Unos señores sostienen las patas y otros la cabeza.

–El herrero de aquí se fue a vivir a Barcelona porque ya no había caballos.

–Pues yo en mi casa tengo dos.

–¿Tú? ¿Qué dos?

–El *Doscaballos* de mi hermano. ¡Jajajaja!

–¡Menudo coche! –dictaminan burlones.

–Será un «dos burros», tu hermano y tú –corta Carlos con la autoridad que le da llevar pantalón largo y lucir una sombra de bigote.

–Eh, chicos, sin pelearse. Haya paz. Se supone que sois mis guías. ¡Pues vaya ayudantes me he feriado!

CIRCULAR Y ORDEN DEL DÍA A TODAS LAS COMANDANCIAS, CUARTELES Y DESTACAMENTOS DE LA GUARDIA CIVIL EN NAVARRA

Jesús Monzón Repáraz, nacido en 1919 en el seno de una familia burguesa y acomodada de Navarra, ha hecho gala de un espíritu disipado y hábitos de buen vivir. El bombín, el bastón, y el cuidado aspecto que siempre gasta son muestra palpable de la decrepitud moral de unos «revolucionarios» que mientras predican la igualdad a los trabajadores ellos viven en la opulencia. Abogado de profesión, fue secretario del Comité de Navarra del Partido Comunista de España. En el marco de la sublevación y huelga revolucionaria de octubre de 1934, participó en los intentos de asalto a la Diputación Foral y al *Diario de Navarra*. Huyó el 18 de julio a Francia pasando a Bilbao donde colaboró con el Gobierno vasco. A mediados de 1937 detentó el puesto de Gobernador civil de Alicante y posteriormente fue nombrado secretario general del Ministerio de la Guerra, cargo que no llegó a ejercer por haberse terminado ésta antes de hacerse efectivo su nombramiento. Actualmente se le supone en el interior de España y en cargos de la más alta responsabilidad del Partido Comunista. Al parecer es un firme impulsor en la campaña de todo tipo de actos de bandolerismo y sabotaje armado contra la Patria.

Siendo este peligroso comunista de origen navarro y estando próxima, según todos los indicios, un intento de penetración armada revolucionaria a través de los Pirineos, no es descabellado pensar que haya sido Navarra una de las zonas elegidas para tal cometido. Tal decisión vendría justificada en la estratégica situación geográfica de la provincia para sus pretensiones invasoras, así como en la previsible existencia de redes de apoyo en esta región, que el tal Monzón puede controlar. El éxito de la intentona en Navarra beneficiaría doblemente a este desgraciado personaje. Le permitiría un más fácil control político de la incursión y una venganza tardía sobre la fiel, católica y sacrificada Navarra, voluntariamente desangrada por el renacer de España en los años de Cruzada, generosidad que el comunismo rojo-separatista no perdona ni olvida. Todo ello podría utilizarlo Monzón para afianzar su autoridad en el seno del Partido apareciendo como el principal impulsor de toda la operación.

Por tanto, y a partir del recibo de esta orden, sírvanse intensificar los actuales servicios de vigilancia y organizar otros nuevos conforme a lo indicado a continuación.

1°) Se da con frecuencia el caso de que algunos comandantes de Puesto o Destacamentos, al tener sospecha de que ciertas personas colaboran con los bandoleros proceden a su interrogatorio o toman otras medidas sin lograr fruto alguno, entorpecen, y en ocasiones malogran, las gestiones y servicios de información, que lleva esta Comandancia por medio de los Grupos Móviles. Se servirá abstenerse en absoluto de intervenir, comunicándolo por medio de nota o verbalmente al oficial Jefe de los Grupos Móviles más próximo o a mi Autoridad, con todos los datos y noticias que tenga sobre el particular, para que se lleven a cabo las gestiones oportunas bajo la dirección de esta Jefatura.

2°) Se crearán Contrapartidas, grupos específicos con independencia absoluta sobre los Grupos Móviles ya existentes. Dependerán exclusivamente de esta Comandancia. Cada una se compondrá de ordinario del Jefe (suboficial o clase) y seis guardias. Cuando tengan confidente a su servicio, será controlado por ellos.

Las Contrapartidas prestarán su servicio de uniforme o en traje de monte, según convenga a juicio del jefe de la misma. Cuando vistan traje de monte, llevarán siempre en los macutos cuando menos la guerrera o sahariana y el gorro para darse a conocer como Guardia Civil cuando interese. Además de los servicios de observación y emboscada practicarán el de información, presentaciones, tanteo de enlaces, etc., pernoctando de ordinario en el monte y cuando en casos excepcionales lo hagan en caseríos, será siempre en uniforme.

La ejecución de los distintos servicios se ajustará a las siguientes directrices:

–Vigilancia y observación del monte y especialmente zonas consideradas pasos propicios de frontera. Se entrará de noche en los puntos de observación y permanecerán ocultos durante todo el día.

–Vigilancia de chozas, bordas, casas de campo y supuestos enlaces. Se seguirán las mismas reglas anteriores. Al hacerse de noche, se acercará la patrulla sigilosamente al caserío, montando emboscadas por si se presentasen los bandoleros, poder atacarlos a la entrada o, si se hallaran dentro, a la salida. Estas emboscadas se levantarán a las doce o una de la madrugada.

–Asalto a ranchos y campamentos. Cuando se tenga noticia de la situación exacta o se disponga de un confidente que lo conozca se cercará por la noche con el mayor sigilo y con la fuerza necesaria para asaltarlo en los primeros momentos del amanecer.

Quedan sin efecto mis órdenes vigentes anteriores relativas a servicios de lucha contra el bandolerismo. Serán retiradas de la carpeta de órdenes a la vista que a tal fin debe existir en todos los Puestos y Destacamentos, quedando la presente vigente en dicha carpeta de órdenes. Los capitanes de Unidad, jefes de Línea, Grupos Móviles y comandantes de Puesto darán las explicaciones oportunas a sus subordinados para cerciorarse de que todos se hallan compenetrados del contenido de la presente orden. Le prevengo que, siendo la situación de extrema gravedad, me responderán los indicados mandos del exacto y puntual cumplimiento del servicio que se establece y, en caso de contravenirla y malograrse algún servicio, exigiré la más estrecha responsabilidad a los culpables. Acúseme recibo.

Dios guarde a Vd. muchos años.

Pamplona, 7 de septiembre de 1944

EL TENIENTE CORONEL PRIMER JEFE.

La hoja de papel es una foto de la luna cuajada de cráteres tintosos. Arantxa se afana con la plumilla embadurnando el folio de malas maneras. Decidimos titularlo: *Lluvia*, pues no hay como un buen título para mejorar el producto. El pomposo bautizo no logra que Arantxa mire su trabajo con más respeto, y asiste impotente al lloro copioso de las frases que deslizan negros goterones hasta el mismo borde de la mesa. Algunas manchas de tinta, caprichosamente dilatadas, hacen las delicias a nuestra manía de querer psiquiatrizar cualquier reflejo cotidiano. Asistimos divertidos a la metamorfosis de mariposas, tortugas y aves exóticas donde antes sólo había inciertos sombreados urdidos por una caligrafía borrascosa. Los borrones figuran papel pautado de salmos y monodias. Las tonas de un códice gregoriano.

Me asomo sobre Alex que acaricia el papel con la nariz. Escribe con letra rebelde, desigual, sin orden pero con concierto. Es un puro pentagrama. El trazo sube y baja en el tobogán deslizante de la cuartilla, cortándose de imprevisto, enlazando unas líneas con otras en un particularísimo caos que sólo él es capaz de releer. Las palabras caen y se levantan. Imitan la notación de la música aleatoria como en una partitura de música contemporánea. Nada que envidiar al *Arrano Beltza*, el fonético poema de Artze musicado por el alsasuarra González Acilu.

Desterrada la goma –para no interrumpir las formas espontáneas que al profano en grafomotricidad se le antojarán confusas–, Alex cuenta una historia de caballos. Si se le embarulla el discurso será porque el animal se revuelca en los prados; y las palabras se alargan cada vez que estira el cuello a la carrera. ¿Que las letras se amontonan? Es la materialización del brusco frenazo del equino. ¿Que la línea se precipita bruscamente? Está arrodillado en sus patas delanteras. Su letra es un discurso gráfico que puede ser leído y visualizado. ¡Qué sabrá el mundo de caballos voladores que no sepa Alex!

La caligrafía de algunos es una recreación que se modela tridimensional, una interiorización personal, una relectura hiperrealista del alfabeto. Su texto es un caligrama, una escritura abierta. El lector debe colaborar en el proceso creativo de la composición, e interpretarla a su criterio, dejándose llevar por un impulso semejante al de Alex. En pleno proceso de lecto-escritura los chavales prefieren la belleza plástica del texto antes que su contenido. La redacción es una escritura móvil de estructuras intercambiables, un malabarismo de variaciones tipográficas, un serio pasatiempo literario. Imitan al músico Penderecki sacrificando el resultado sonoro por el preciosismo de la partitura.

Las gomas se amontonan en una caja de botones. Son verdugos implacables corrigiendo desviaciones ensoñadoras, árbitros de formas convencionales, castradoras de iniciativas sugerentes. Los niños se sienten felices encabritando el lápiz sobre el folio, soltándole las riendas, desbocándolo sin necesidad de que la goma haga y rehaga en artificioso maquillaje caligráfico. Vagabundea el lápiz en un viaje sin rumbo: «¡Vamos hasta la esquina!», se dicen, y una M se proyecta nómada, chirristándose por la superficie nevada de la hoja. Husmea, toca, compara, curiosea y torna sobre sus pasos en el placer inigualable del callejear, del no saber estarse quieta, retenida en la cárcel de papel, paralizada por los estrechos barrotes del rayado. Es una caligrafía culoinquieta que disfruta parrandeando a su aire, libre por cualquier espacio.

Lápices, plumillas y bolígrafos repiquetean en el parche de las cuartillas como baquetas de atabal o tamboril. En sus manos los lápices ensayan acrobáticas volandas de *makilari* de Valcarlos. Es una *Kabalkada* caligráfica, un paloteado ribero. Mordentes, redobles y picados golpean los papeles. Toda la clase es cortejo de danzantes de Ochagavía. Danzan *Katxutxa* y *Enperadorea* entrecruzando sus lápices-palos, entrechocando en armonioso aspado sus bolígrafos-makila. Su escritura es un torbellino huracanado de charpas y cintas multicolores.

Terminada la clase, hay materiales diseminados por todos los rincones. Pinturas, libros, hojas, lápices, reglas, gomas han puesto el huevo allá donde el descuido o el jugueteo de graciosillos y despistados los han desterrado. Cualquier sitio es bueno para arrojarlos, salvo estuches, estantes o cajones. ¿Tantas cosas hemos utilizado? Bajo las mesas, el suelo es un surtido de material escolar. Pienso que es el inevitable descontrol de los primeros días de escuela, de mis primeros día de clase. Me consuela la seguridad de saber que a peor no puede ir. Apunto el orden del día en la pizarra: «Nombrar responsables de material y organización de clase. Rotación semanal». Mañana, sermón.

–¡Adelante, la puerta está abierta! –invito a pasar, más sorprendido que molesto, a la inesperada visita que rompe la intimidad que uno necesita en estas situaciones.

En la figura menuda, magra de carnes, seca la expresión y de abultadas venas en las sienes, reconozco de inmediato al alcalde, Rodolfo Semberoiz. No sería de recibo olvidar a quien ha facilitado tu primer puesto de trabajo.

–Veo que finalmente ha tomado posesión de la escuela.

–Hace una semana. Le dejé recado en la Alcaldía.

–Siempre tarde, siempre con problemas. En estos pueblachos estamos abandonados de la mano de Dios, y eso que tenemos a don Amadeo que algo vela porque el olvido no nos borre del mapa –nombra al presidente de Diputación con la confianza familiar de quien cita a un compañero de mus, a un colega de la mili.

–Usted exagera. Algunos maestros venimos muy a gusto a estas zonas. Sabemos apreciarlas en lo que valen –lo intento, sabedor de que le suena a música celestial, a hueca palabrería.

–¿Apreciarla? A ver si le oigo eso mismo en junio –se oculta tras los ojos achicados.

–Hay muchos maestros partidarios de las escuelas unitarias, yo creo en ellas.

–Serán los menos los que piensen así.

–Buscamos el contraste con la ciudad, una escuela integrada en el medio, con niños menos maliciados, más naturales. Y un pueblo siempre aporta otros valores a la vida diaria: la tranquilidad, el ritmo de vida, la convivencia. Posiblemente hasta saque tiempo para poder estudiar algo.

–Ahí está, estudiar para conseguir otra plaza mejor y marcharse cuanto antes de aquí –aunque no se le haya oído, lo que verdaderamente ha querido decir era: «A otro perro con ese hueso de la escuela integrada en el medio».

–Mi intención es trabajar en pueblos pequeños. Es un reto profesional, y personalmente lo encuentro estimulante.

–Cuando no se vive en ellos, y se viene de pasada, eso se dice fácil.

–Procuraré ver el lado positivo –me agota su terquedad.

–Veremos cuánto dura.

–Por la cuenta que me trae ya me iré dando.

–En cualquier caso, bienvenido.

Pues sí que estamos buenos, pienso al despedirle.

Bat, bi, hiru, lau,
Irunberrin otso lau

Lumbier y sin quehacer, musita mi vecina de asiento vuelta en sí de la siesta. Lumbier es parada obligada para estirar las piernas y conceder alivio a la vejiga. En los anaqueles del bar La Concepción, frente a la gasolinera, enramadas cubiertas de nieve duermen en el interior de botellas escarchadas; un frío contraste decorativo con el bochorno de la tarde.

–¿De vuelta ya, so vaina? –responden más que preguntan desde la barra.

–Ya ves, pájaro de vuelo corto –ni afirma ni niega el recién llegado.

–Viaje rápido –tercia otro.

–¿Y qué se me pierde fuera de casa?

–Lo que al resto.

–No ha sido una expedición, que digamos –el camarero cierra el diálogo mientras sirve unas cervezas.

Por la intrincada ramificación de los árboles genealógicos, que en Navarra nos entroncan con casi todos, tuve de remotísimo contrapariente al Tatines, cerril cacique lumbierino que lució hasta su muerte boina carlista, comida la color por la intemperie y los recalentones de cabeza. Heredó buenos duros que dilapidó en sufragar aventuras partidistas y en donaciones que enriquecieran el culto de varias vírgenes: un mismo fervor mariano para mil advocaciones distintas que compiten en favores concedidos y esplendor de cofradías. El tocador de su dormitorio era un galimatías de estampas y escapularios, igual igual que la capillita portátil de un torero. Ruina y locura marcaron el ritmo de su biografía, temprana la primera, más tardano el desequilibrio mental.

Los derrotados de la causa republicana corrieron la versión del origen de su enajenación como penitencia a los muchos remordimientos del Tatines por el espíritu vengativo que desarrolló en los primeros meses de la Guerra Civil. Fue la suya mano anónima que puntuaba los listados de la represión. Nunca una simple raya de lápiz, una cruz de mal agüero, decidió tanto en la vida de los más pobres de la zona. El poder absoluto sobre la vida y la muerte empeoró su carácter y no mejoró su malvivir, sujeto al rédito de unos viñedos arrendados. Tenía a gala quitarse los calcetines una sola vez al año para pisar, a pie descalzo, la uva y estrujar el mosto. Aquel aporte corporal le daba al caldo un cuerpo especial que los capellanes de conventos de clausura agradecían sin hacer ascos al proceso. Se alimentó de soflamas tradicionalistas, novenas marianas, cecinas y pocos magros. Y cuando la gota le impidió dar un paso, lo subían hasta la ermita de la Trinidad en borrica estéril cubierta de mullida albarda. Ya en la cumbre, y tras hacerse bendecir las medallas de guerra alcanzadas en retaguardia, sin más conocimiento del frente que las crónicas del *Pensamiento Navarro*, templaba el garganchón con dos tragos para cantarle a la Virgen una salve, la misma que otros matones hicieran entonar a los desventurados que señalaban para darles matarile en aquel nunca lejano treinta y seis. «Aunque sean rezos de última hora, mejor que estos hijos de puta lleven algún mérito acumulado al otro mundo. Así purgarán los muchos males que han hecho en vida». Y otro pistolero, asiduo de cunetas y tapias de corralizas rubricaba con cinismo de cristiano viejo: «Que Dios Nuestro Señor sea más misericordioso con estos desgraciados que lo que nuestra naturaleza humana nos permite a nosotros serlo». Sus compañeros de patrulla criminal le reían la gracia para disipar, con fúnebre carcajada, la pólvora de la madrugada y asordinar el ronco latido que les reventaba el azul de la camisa.

Sobrepasado Lumbier, remontamos en paralelo el ariete socavado del río Salazar. Resta el puerto de Iso, última defensa geológica y frontera natural que mantiene en cuarentena forzosa las tierras altas. En el siglo pasado, la logia masónica sangüesina Resolución nº 209 divulgó su propaganda –«planchas soñadoras»– para hacer proselitismo que captara «aprendices», nuevos adeptos, en las zonas colindantes. Pero ninguno de los *hermanos* que respondían a los evocadores nombres de Roncal, Güesa, Galileo, Bensides o Lutero eran masones salacencos. En Salazar no entraron nunca, y tuvieron por masón ilustrado más cercano a un guarnicionero de Lumbier y a un teniente de carabineros de Isaba. La montaña quedó impermeable al influjo benéfico de las ideas altruistas, la consecución de la felicidad y el bien común que pregonaba la masonería.

Rapaces y carroñeras sobrevuelan los roquedos desnudos de Iso esparciendo la incómoda sensación de vigilar al viajero. Su vuelo lento proyecta una sombra de fatalidad a ras de suelo, una premonición, un mal presagio difícilmente interpretable.

En tiempos, el otoño venía de un amarillo desbordado, sin el actual monocultivo de la patata que concita el esfuerzo de todos. Fueron años en que el monte rebosaba la generosidad del hongo royo, remitido a Barcelona en camiones atestados de barquillas. Con los intermediarios del robellón llegaba un ajetreo de envasado, básculas y recibís. Cada atardecer, el olor de los setales descendía hasta el valle a lomos de caballería, y enrojecía anganetas, serones y esportizos, barnizando los bastes, cinchas y petrales de los animales de carga con su pátina áurea. Los setales reverberaban tintura de hayedo en abarcas y camisas. El fondo de cestas y canastas olía a cáscara de nuez amarga y, como en un guiso pigmentado de azafrán, los níscalos embriagaban el aire con la aspersión difuminada de un aroma oriental.

Al irse los tratantes, quedaba el pueblo sumido en el turbio apagón del invierno, sin otro quehacer que observar furtivamente por las ventanas, asomándose al paso de un coche, el pisar aguoso de un transeúnte fugaz o el repentino ladrar de los perros.

–¿Qué hay?

–Ya ves.
–¿Frío, eh?
–No hace calor, no.
–A ver si limpiamos la cuadra.
–Ya.

Largos meses de partidas en el bar y amodorrados silencios en torno a la cocina. Planeaba el hastío y la tristeza, el tedio y los bostezos infinitos, las nieblas bajas, el no saber si el mundo proseguía su existencia tras las montañas. Inquietos por la tardanza de algún vecino, se llegaban a la borda y, allá, bailándole los pies el viento helado, colgaba del esparto de engavillar el suicidado desamparo de un mozo viejo.

La patata aceleró la mecanización del campo. Las setas quedaron para domingueros y pastores. Acaso una cesta de cuando en vez para saciar la chirrinta. Si se terciaba, aún podía hacerse tajo bajándolas en el cómodo resguardo del *landrover*, al abrigo del receloso cálculo de los vecinos. Mejor la seta de mayo, los perrechicos huidizos cuyos setales rebrotan cada año con fidelidad de catarro o de ave migratoria. Era el secreto mejor guardado, un saber que no se desvelaba hasta el último momento. Confesar la localización de un setal de primavera era confidencia de agonía, bisbiseo de moribundo que, sabiendo llegada su hora, transmitía al elegido la preciada información de una valiosa herencia.

Con la patata se pusieron los primeros tractores. *Jeeps* y mulas mecánicas arrinconaron yuntas y arados. Consumió el fuego las primitivas leras, trineos para el acarreo de hierba en aldapacharras y laderas pronunciadas. Se desguazaron las viejas trilladoras de madera, o quedaron varadas en las ezpuendas de los campos como animales fosilizados, torpes paquidermos atrapados por una maraña de hierba y zarzales que parasitaban su osamenta leñosa. Sembraron patatas en las pequeñas parcelas en las que crecía el grano tardío; un grano de lenta maduración que no cosechaban hasta bien entrado septiembre. Las parvas esperaban en las eras desde la Virgen de Agosto a las fiestas de Ochagavía. Los jóvenes labradores vistieron buzos azules como mecánicos de un campo industrioso. Anoraks y sombreros de tela anunciando marcas de abono y cerveza sustituyeron a boinas y espalderos. Con el cambio perdieron altivez en el porte, igual que ocurriera cuarenta años atrás cuando enterraron en los armarios las capas y calzones, las txamarretas y zintamuskos dejando la nostalgia agridulce de otro haber sido.

La herrería quebró a falta de ganado caballar y un chico emprendedor, salido de la primera promoción de la Escuela Profesional de Lumbier, inauguró el taller de reparaciones mecánicas. Al amparo de la patata de siembra, pan seguro en los pagos de la cooperativa OPPOSA, menguaron los rebaños. Trigueñas vacas pirenaicas y ovejas churras desaparecieron de los altos. Se adornaron con esquilones los zaguanes de las casas; otaberas y retamas cegaron los pasos milenarios. Hacia la Bardena. Sólo en la memoria de los ancianos quedó dibujado el mapa de los caminos que llevaban al sur. La mordida de los arados, en la roturación de cada nueva cosecha, laminó los bordes de la cañada salacenca estrechando sus límites. En la Ribera, nadie vigilaba el horizonte en busca de polvorientos montañeses bajando a la invernada. Ni cerdos querían criar ya los jóvenes. «No traen más que trabajos y olores», razonaban.

Aceleró la patata una febril actividad reconstructora. Todo se vino en trajín de carpinteros, albañiles y fontaneros requeridos con más devoción que una rogativa de lluvias. Repentina y moderadamente salidos de pobre, ansiaban hacer reformas en unas casas que reclamaban urgencia. Sin rechistar aceptaban los abultados presupuestos, calculados a ojo de buen cubero. Cegaron las enormes chimeneas cilíndricas, cúpulas que abarcaban la estancia entera y por cuyo tiro abierto a las estrellas habían volado, a una con el hollín y el humo, los sueños de tanta leyenda contada una y mil veces en las tertulias junto al fuego bajo. Al sellar la boca de las oscuras chimeneas se incomunicó el presente y el ayer. Callaron las bilguas de vecindad, enmudecieron las reuniones familiares donde las palabras eran troncos chisporroteantes. La nueva vida propagó la amnesia de la tradición oral y se olvidaron los antiguos cuentos que encendían el espíritu de los jóvenes con el mismo color abrasador que las llamas sus mejillas. Se retejaron las casas, se ampliaron ventanales y terrazas, se alicataron baños con ducha y bidé; a la par que traperos y gitanos ambulantes, anticuarios rapaces y turistas avispados atesoraban herradas malvendidas, arcones de profusa ornamentacion, trébedes y txatxillus que, arrinconados en cuadras y sabayaos, aguardaban la ejecución de un veredicto postergado: la condena a hundirse en el río o a rodar chirrión abajo. Escurrideras, gallos, tamboriles, tupines y tederos fueron repudiados. Todo lo que había sido útil, y por tanto bello, fue apartado por anacrónico, expulsado como ancianos incapaces de acomodarse a los nuevos tiempos.

Armarios, candiles y faroles fueron desdeñados de los rincones donde habían servido a generaciones enteras. La formica y el eskay se entronizaron en derroche de nuevo rico, con cánones de estética discutible. La modernidad impuesta pudo con la proverbial discreción montañesa, e incluso las Últimas Cenas grabadas en plata falsa, y los Sagrados Corazones de Jesús, con la bola del mundo en la mano, hicieron sitio a tapices de artificioso terciopelo, chillones brocados con paisaje japonés o escenas de ciervos y caballos a la luz de la luna, traídos por los hijos que hacían la mili en África. Los camiones de textil de Erro y los Zamoranos («*La cigüeña los trae, los Zamoranos los viste*») espaciaron sus visitas. Se compraba directamente en Pamplona siguiendo los dictados de una moda reservada hasta el momento a veraneantes y al lucimiento de los hijos emigrados a la ciudad. Con la patata declinó el antiguo régimen de laboreo. Los meses de invierno, sin embargo, continuaron fastidiosamente interminables, con la vida circunscrita al marco de la ventana, y a su través –como en la pantalla de los nuevos aparatos de televisión– el mundo desfilaba en blanco y negro, con el color plomizo de una limitada paleta de pintor, con el gris omnipresente de la niebla, la lluvia, la nieve y la tristeza.

Onratzera gurasoak
nago obligaturik
bai eta ere zarragoak
Jainkoak manaturik

Bajo la mesa camilla, el brasero es una multitud de luciérnagas parpadeantes, una gran metrópoli observada desde la distancia del cielo nocturno. El calor del carbón es la crepuscular caricia de la tarde en mis pantorrillas. Nieblea el café con leche ante mí como una translúcida evaporación de la aguada mañanera en los carasoles de noviembre. Al compás cadencioso de la radio, que emite música de sirtaki, una mosca pegajosea su otoñal suicidio en el lago inmenso de la taza. Pego la oreja al aparato. En estos valles apenas se capta una débil señal, tan inestable como la frecuencia de Radio España Independiente, estación Pirenaica, emisora a través de cuyas ondas nos llegan más interferencias técnicas que arengas antifranquistas. En Pamplona, mi padre suele censurarme en un tono no exento de inquietud: «Hijo, la política para el que vive de ella. ¿No pensarás que ésos de Carrillo son mejores? Mienten más que hablan –y tras un meditado silencio, equilibra su juicio–. Mienten igual que todos». Apago la radio. El silencio se torna denso, una extraña quietud de naturaleza paralizada ante el inminente estallido de la tormenta. Un vistazo al reloj, las ocho de la tarde.

Nadie se ha dado por enterado de la reunión de padres.

Un éxito de convocatoria. Un cero patatero, por decirlo con lenguaje adaptado al entorno. A la puerta de la escuela llegan afelpados estrépitos de remolque en incansable acarreo de patatas. Más allá, sólo el silencio, oscuro y profundo como el abeto que la noche contornea en el extremo del patio. La lluvia, como nube veraniega de mosquitos, se jaspea en gotitas aventadas en torno a los faros del tractor. Seguidillas, martinetes, lamento jondo. Ateridos peones andaluces y extremeños baten palmas para un desgarrado cante:

Fui a la montaña navarra
sin pensar que lograría
respuesta a la vieja duda
de saber si te quería.
¡Ay, ay, ay, ay, ay!

Cierto que el otoño es un vuelo tibio de palomas, verdad que viene de un amarillo desbordado, y más cierto aún que es redondo como las patatas. Hace frío y las bocas de los hombres son tubos de escape. Ordeno las sillas lentamente. Mi cuerpo juega a las sombras chinescas, fantasmas oscilantes que los rescoldos de la estufa proyectan en el aula. La estufa se alimenta con troncos picados y serrines traídos por los chavales; el invierno es largo y el ayuntamiento sólo aporta unas cuantas cargas de leña. Reviso puertas y ventanas, pues los ratones se cuelan por cualquier rendija rastreando abrigo cara a los meses de invierno. Ellos también buscan cobijo, todos lo hacemos. Todos somos frágiles frente al tiempo, la noche y la soledad. Todos necesitamos ponernos a resguardo, buscar el calor de los demás, su compañía protectora.

El pueblo ha luchado por mantener su pequeña escuela unitaria, arreglada en auzolan. En vecinal enceraron las deslucidas maderas de los suelos y encalaron las costras de humedad de las paredes. Argondoa, junto a Ezcaroz y Jaurrieta, no envia a los niños a la concentración de Ochagavía. Median argumentos de riesgo con seculares enfrentamientos por ver dónde se asienta, de hecho, la capitalidad del valle y sus servicios generales. Más que el reparo a los viajes diarios en autobús, con nieves y heladas tozudas, defienden el derecho a oír alboroto en la calle. Se agarran, con resolución de náufrago, a los niños que dan vida al pueblo. Quieren ser molestados con sus preguntas y chandríos, y están dispuestos, si fuese necesario, a costear el maestro de su propio bolsillo.

–No tienes por qué culparte. A cualquiera que sea nuevo puede ocurrirle –habla Marcelino sin dejar de apilar sacos.

El polvo de las patatas almacenadas invade cualquier rincón de la bajera, se cuela por las rendijas amortajando en un sudario ocre la madera de los pisos altos. La bombilla, ahorcada por un cordón oscilante, batalla desigual contra la sombra, terca por brillar entre la nube de polvo que amenaza asfixiarnos.

–Cuando se trata de la patata todos los horarios para otra cosa se nos hacen malos.

La patata es protagonista absoluta durante todo el año. Ella ha dado nueva vida al valle y apuntalado firmemente su futuro económico. En estas semanas de otoño exige atención total y todos se vuelcan en su recolección. Las distintas variedades de patatas tienen nombres hermosos, sonoros, prometedores. Son nombres de princesa de las mil y una noches, nombres de hurí musulmana, de valquiria germánica: blancas baracas de venas dibujadas, desirés de piel roja y áspera, jaerlas alargadas de piel trasparente, arrambarnés de redondas y prietas carnes amarillas, repontiac, turias... En la clasificación de las patatas permanece la huella de otros nombres familiares y sugerentes: los de las vacas. Los ganaderos fueron Adán nombrando los seres del Paraíso y sus vacas atendían por Graciosa, Okerra, Galana, Gorria, Panpoxa... muy diferente de los asépticos y burocratizados libros actuales de control genético. Ahora una res es tan sólo un crotal numerado, un 1.234, pongamos por caso. Ya no hay poetas en el campo, sólo oficinistas, contables de una explotación vacuna.

–No hay que darle vueltas. Otra vez será –insiste la voz de Marcelino, apagada por el pañuelo que filtra el polvo en su nariz–. Ahora mismo subimos arriba y nos tomamos un caldico. Un trago de fansaina te entonará el mal cuerpo. Es mano de santo si se tiene el estómago y el espíritu un poco larri.

Escarcha rebobinada en las escarolas, turbinas de hojarasca, cunetas salpicadas por conchas de caracola. Otoño son las gabayas del bosque, ciruelas arraulcharanes de carne sanguínea, nueces y vareo de avellanos, gorrillones encendidos, moras, jaleas y dulce de membrillo, apezonados hayucos, pellizco de pacharanes. Otoño es la precipitada fuga de arañas que abandonan sus telas salpicadas de rocío, arpas desoladas que ya no tañerán las luciérnagas en sus paseos nocturnos. Otoño es crin de percherón, arco de violín que escurre su resina. El otoño maquilla la mirada con el matiz de todos los amarillos y, sumándose a tanta belleza decadente, hasta las mismas berzas rezuman gotas nacaradas.

Macario es nervudo, las venas, muñones de fresno, rugosos brazos que voltean el aire recogiéndolo en una enorme paletada con gesto preciso de cesta punta. Me saca dos palmos de altura y me obliga a mirarlo en una extraña posición de cabeza que debilita la poca ascendencia que me concede el ser maestro de su hijo.

–Trato de conocer mejor a Ricardo –le explico–. Ya comprendo que es mala época, pero... El otro día, al convocar la reunión, no caí en la cuenta de que se está en plena recolección de la patata. Esto le pasa a uno por novato. Así son las cosas. Estoy aprovechando para ir por las casas, por las bordas, por las parcelas... no sé... conocer las familias un poco... Saber cómo se portan los chavales en casa, en qué pasan las tardes...

–Será por lo que para en casa. Ande, pregúntele a su madre. No hay quien haga carrera con él. Ése va pa´ saltimbanqui. En el circo haría buen papel. De titiritero o así. Menudo pingo. ¿Buscando ayuda dice? ¡Para eso poca! Aquí debiera estar, echándome una mano, que ya va teniendo edad para dejar de hacer el mico. ¡Buen chinchilaire está hecho!

–Usted es quien más tiempo pasa con él –tercia la madre de Ricardo, incómoda por mi presencia intempestiva en la cocina donde lucha por preparar la cena para los seis de familia y los cuatro peones que, en la puerta de la calle, limpian sus botas embarradas. Distingo a Críspulo, huraño y solitario entre ellos–. A usted le quiere, y mucho, ya lo creo.

–Eso que llevamos por delante.

–Si no se les aprieta mucho, fácil que lo quieran a uno –retoma Macario–. Así todos contentos. Pero no se fíe usted, este hijo es un bicharraco. Nunca está de sobra un buen zartaco que lo espabile. No le hará mal, no. Con bastantes más cachetes nos criaron a los demás y aquí estamos. Y tú, ¡rediós!, ¿dejarás de hacer fiestas a ese gato o qué? Lo estás musiendo con tanto arrumaco. ¡Otro cabeza chorlito!

Se escapa el gato de las rodillas de Luisín, el hermano pequeño de Ricardo, y corre a refugiarse entre las piernas del abuelo que, desde un sillón de mimbre cubierto de cojines, asiste a la escena con aparente indiferencia. «¡Zape, fuera. Alo fite!», remata el anciano la espantada del misino.

–Parece un gato majo, nada furo –digo por decir algo.

–Más charro que el diente un sarde. Ni cazar ratones sabe –la madre de nuevo.

–¿Y qué dice el abuelo? –insisto en distendir la conversación.

–Medio susto nos dio el otro día –y se extiende la madre sobre la salud del anciano con terminología de receta de boticario.

–¿De qué sirven al maestro nuestras opiniones? Siempre sabrá usted más que nosotros –Macario recorre con los dedos la raya del pantalón de trabajo, una raya de plancha imaginada, que no trajo ni de fábrica–. A fin de cuentas, en nuestros tiempos poca escuela tuvimos. Había que ayudar en casa y, con lo que buenamente aprendimos, mal que bien nos hemos defendido en la vida.

Me observa de reojo, como un zaguero contrario a quien no se debe perder de vista. Fija la mirada en la línea de la chapa, buscando el tanto en la falta donde el txoko se funde con la pared izquierda. Las tira rasas, a botivolea, cortadas en el aire, cruzándolas con precisión para que yo no pueda devolverlas. Y cuando me ha cerrado en el rincón, proyecta un pelotazo de los que pasa el ancho. Macario fue un excelente pelotari en su juventud y todos sus gestos y mañas de autodefensa psicológica están plagados con retumbos de frontón.

–¿Sabe? No hay que tener tanto remilgo. Menos miramientos, que más vale domarlos a tiempo.

Entornan la puerta de la recocina y asoma Críspulo al frente de los peones agotados por la dura jornada. Traen gana de cena y necesidad de cama.

–¿Qué te parece, Críspulo? El maestro, que me pide consejo sobre el chico. Y lo que yo le digo, donde no hay mata no hay patata.

El recién llegado duda si la pregunta va con él, mira en derredor para convencerse de que no hay otro Críspulo, y por fin sentencia:

–Los buenos consejos no están de más. Hay que saber darlos y pedirlos.

Desconcertado por la respuesta de quien creía un aliado, Macario busca una salida para finalizar la conversación:

–Se hace tarde y estos hombres querrán cenar. ¿Si gusta acompañarnos? ¿No? Pues como prefiera, otro día será.

–Y vuelva cuando quiera –se despide la mujer, dejando que el marido me acompañe hasta la entrada.

Las calles son un barrizal que los tractores acarrean desde los tajos de recolección. El barro, en algunos puntos especialmente umbríos del pueblo, forma una ciénaga que empantana los orines de las caballerías. Es una pasta burbujeante, eruptiva, lejanamente aurífera. Del barro surgió el primer ser humano, pero sería arcilla limpia, plastilina escolar, porque lo que es de esto... Da pereza abandonar el portal y enfrentarse a la noche. El artista hace a las noches misteriosas, inspiradas, sugerentes. Yo podría, tal vez, construir con barro una noche a mi medida. Una noche sin manto tan oscuro, con espejuelos de luna clara. Me decido a salir, al tiempo que escucho a Macario: «Lo qué tendremos que oír, todavía».

Raquel cruza presurosa el patio, esquivando columpios, sorteando las rayas blancas del repintado campo de balonvolea. Al fin hemos consensuado un deporte que, practicado por todos, no provoque disimuladas risitas o el abierto pitorreo de los chavales sobre las posturas, en su opinión poco deportivas, que adoptan las chicas al jugar.

Raquel se duele de prófuga. Lleva grabados ocho años de dolorosas escalas musicales en sus dedos, y se siente abrumada por una carrera que la obliga (si quiere *ser alguien* en el mundo cerrado y endogámico del violín) a solicitar una beca para Alemania o Madrid y mortificarse un par de años estudiando virtuosismo. «Una puede estar dispuesta a encerrarse en un cuarto acolchado –se autoconvence–, con mucho de habitación de manicomio o celda monacal, y dedicarse a adquirir técnica, dale que te pego con los libros de ejercicios: Kreutzer, Fiorillo, Chickboon; pero lo del virtuosismo es indefendible. Bueno, ve y explícale a la gente que tú te dedicas a hacer virtuosismo. Vamos, que tu máxima ambición en esta vida es llegar a ser virtuosa... del violín. Es como si los curas tuviesen que estudiar dos años de santidad o de beatería. Anda, imagina que a los médicos se les exigiese prorrogar sus estudios para dominar la milagrería allí donde su propia técnica científica choca con los límites de lo incurable. Es un exceso de preciosismo musical, un barroquismo heredado del Antiguo Régimen, muy como de músico de cámara al servicio de algún príncipe abúlico, una carrera de señorita de buena familia. Pero a mí me encanta, aunque no sepa cómo encajarlo en mi vida. Me repatearía acabar tocando para exquisitos o para quien oye los conciertos de la Sociedad Filarmónica como quien oye llover, repasando mentalmente el balance contable su próxima cita con la amiguita en el apartamento de Jaca».

Rompe Raquel su voluntario aislamiento carteándose con Manu, un compañero de estudios precipitadamente huido de Pamplona, con la Brigada Político-Social de la policía pisándole los talones. «Le pisaron los talones pero no los huevos, y aunque yo no los tenga, me hago a la idea que debe ser mucho más llevadero», explica gráficamente Raquel con un zapateado que ni Sarasate. Trabaja Manu en el bar de la Ópera de París recogiendo mesas y fregando platos, en un ambiente poco común de babilónicos soldados del Nabuco de Verdi, atrenzadas Isoldas y rubios Tristanes wagnerianos. Envía a Raquel reliquias sorprendentes halladas en los baúles de sótanos y guardarropías: una pluma del traje de Papageno, el pajarero de *La Flauta Mágica* de Mozart, un abanico de *Madame Butterfly*, la geisha de Puccini, el anillo de Aida... Bisutería fetichista para melómanos maniáticos. Llegan sus regalos acompañados de divertidas anotaciones dando cuenta de las penalidades pasadas para alcanzar los codiciados objetos que el encargado de *atrezzo* del teatro no echa en falta en sus desorganizados inventarios.

Manu, abandonados sus estudios musicales, sobrelleva su forzado exilio cursando Sociología en la Universidad de Vincennes. En las aulas escucha sesudos análisis y clases magistrales de profesores marxistas como Poulantzas o Michael Lovi y luego se vuelve corriendo al bar, a servir claras de huevo, zumos y aguas minerales cuya infinita variedad afirma recitar con soltura. «¿Sabías que en Francia existen más marcas de agua que de champán?». A vuelta de correo, Raquel relee cartas empolvadas por las pelucas de los figurantes de las compañías operísticas y pasea por la solanera de la casa, un sabayao convertido en remedo de buhardilla con cuatro cachivaches salvados de la aztaría, del desahucio decorativo: un baste guarnecido con mantas batanadas en Izal, el aguamanil que rescató del abandono de la cuadra y una quejumbrosa mecedora de mimbre. En las paredes, cuelga un póster del chileno Víctor Jara, un cartel de *Ez dok Amairu*, y lo que es el tesoro principal de su pinacoteca: «un Gernika» picassiano dibujado en la cárcel de Segovia por un preso de ETA VI que ha abrazado, como ella, el trotskismo redentor. Colecciona láminas de grabados antiguos con instrumentos y plantas exóticas expurgadas del diario de viajeros decimonónicos. Vive, con fama de medio hippy y poca mujer de su casa, imaginándose princesa bajonavarra a la espera del trote de un caballo, el del negro semental del señor de Iparjauregia. Su romanticismo edulcorado es el callado pecado de una ingenua revolucionaria cuya ortodoxia se resiente ante el asalto de un verso logrado o la armonía de un cuarteto de cámara.

Deja correr los días sin que sus padres, vueltos al pueblo tras la jubilación forzada por un expediente de crisis, y rumiando que su hija pasa males de dentro, se atrevan a irrumpir su absorta perplejidad. Se embelesa con Baroja, Valle Inclán, Carpentier o Neruda. Con ansia renacentista por saber de todo compone precipitadas síntesis, descabellados coitos de ocultismo y poesía sacra, gráficas simbiosis de música y matemáticas, de cultura y política. Aupados en torres oscilantes se desmoronan los *Cuadernos de Etnología y Etnografía*, editados por Príncipe de Viana, y los números atrasados de *Triunfo*, dos revistas en las que pretende hallar respuestas al pasado y al presente, a su desconcierto personal y a la impaciencia colectiva. La redimen de este caos los días de discurrir ameno en los que perora con aires de charlatán de feria sanferminera vendiendo peines y cuchillas de afeitar en el Bosquecillo de la Taconera; una locuaz embaucadora, un León Salvador en definitiva, pasada por el filtro de la Universidad a distancia. Guarda en carpetitas etiquetadas los artículos domingueros de Pablo Antoñana. Mecidas por las corrientes de la casa revolotean partituras del padre Donostia que ponen musicalidad de celulosa, armonía de papel pautado frotado por mano invisible.

Ahora está aquí, en la escuela, y me cita con los nudillos tamborileando en el cristal. Se ha dejado convencer, sin gran esfuerzo, para impartir unas audiciones musicales a los chavales, y hemos quedado esta tarde de sábado para preparar la primera sesión: objetivos, metodología, recursos... esa vaina de plexiglás didáctico con que los maestros envolvemos las clases corrientes y molientes de toda la vida.

He encontrado en ella la mejor confidente y sabemos de murmuraciones sobre los largos paseos que damos de cuando en vez. Subimos, bordeando Kiñubizkarra, por el barranco de Xoxo y las cascadas de Jasule, una evocación de abetos solemnes, erguidos en una vertical imposible que los lleva más allá de nuestro alcance. Otras veces, remontamos Txangaberro hasta el fondo de Remendía o hacemos chipichapa en Laminosena por ver si el chapoteo de las piedras despierta el canto de las cristalinas lamias. Hemos recorrido el camino de las saleras de Osate para presentarnos en Izalzu, a través de Zamaingurua. Allí, hablamos junto a las oscuras estelas que flanquean el atrio de la iglesia. Para nosotros son pequeños ídolos de contorno primitivo, diosecillos prisioneros de un exorcismo cristiano. Hicimos planes para liberarlos y restituirlos al boscoso templo de la falda de Aixkomurria donde habían sido hallados. Incluso pusimos nombre a la operación: «Iratxo askatu». Lo tiene todo escrito en una libreta, con mucha precisión de planos y horarios. Y yo le digo, «Como te registren un día la casa, ve tú a explicarle al capitán Carayu que es sólo un ejercicio teórico para liberar dos monolitos de piedra que tenemos por seres mitológicos apresados. Ya me gustaría saber cuántos han pasado por el Tribunal de Orden Público por bastante menos». ¿Pero tú crees que me hace caso?

Decía que Raquel ha cruzado el patio con el pelo recogido por una horquilla de madera pintada en la Polinesia y unas botas de piel vuelta, llenas de cintajos, laponas, creo. Manu le envía regalos originales que ella desenvuelve aplaudiendo aspaventosa, y los usa con la constancia de un parche sor Virginia, hasta que literalmente se le deshacen encima.

–Te la están buscando –su voz inconfundible, suavísima pero un punto amarga que le da un toque de agresiva insinuación, me llega desde el pasillo–. Ha comentado Gloria que el cura de Oronz, que da clases de piano a sus hijas, dio a entender la otra semana que don Salvador pensaba hablar con el Ayuntamiento por haberte negado a impartir la clase de religión.

–Quítate la bufanda de la boca, que no te entiendo.

–¿Que no me entiendes? ¡Las ganas tuyas de oír algunas cosas!

Raquel enseña solfeo a las dos niñas de casa Alkatekoa, una excusa para acceder al único piano del pueblo, una relajada gimnasia de mantenimiento de dedos frente al torturante violín. Facturado por la casa Neuderman, es el piano consola de cisnes de porcelana y jarrones con fondo de campiña inglesa (calesa, zorros y cazadores enlevitados con altos sombreros de copa). El piano entero se ha convertido en centro de piñas secas y rosas plastificadas, pero es un magnífico pretexto para pasar las tardes en el mirador octogonal colgado sobre el jardín, con las flores blancas del magnolio rozando turbadoramente los ventanales. La casa es pudiente, una casa fuerte en cuyo salón principal cuelgan dos tapices de Lionel Peraux, valiosos en la opinión más bien difusa de algunos entendidos. En los tapices se representan ninfas, centauros y unicornios. Un moderado paganismo inusual en un cuarto de estar de familia rural de posibles. En el vestíbulo, un bargueño con el pie incrustrado de marfiles y labores de talla se beneficia de las alabanzas de los visitantes.

–Tú ríe, ríe, que ya veremos. Pero qué inocente eres. Ya me dirás cuando vengan por ti en tropel y a las bravas. ¡Cacho simple!

–Es un cura –quito importancia a su acaloramiento.

–¿Don Salvador, un cura? Es Torquemada.

Raquel, bruja de casa Argiña, siempre alerta con un sexto sentido que le viene de otro tiempo. Un instinto de supervivencia que sobrevive en las mujeres salacencas desde hace cuatro siglos, desde que los siniestros auditores del Santo Oficio Camus y Balanza prendieran a Catalina la Serora, Garrosa, Auliegoa y a otras que se reunían en la campa de Anderesoroa. Una antepasada suya acabó, junto a varias decenas más, en la hoguera inquisitorial acusada de encantamientos y malas artes. La familia, en acto expiatorio, quiso lavar las culpas que salpicaban la casa regalando vinajeras y candelabros de plata a la ermita de Muskilda, piezas labradas que desaparecieron en la francesada, al ser incendiada Ochagavía.

–De ahí que Ochagavía signifique, «ocho-había». Sólo quedaron ocho casas –remata Raquel la etimología del topónimo–. No vayas a decirles que en euskera significa lugar de lobos o algo por el estilo. Y si replicas diciendo que el nombre de Ochagavía ya existía muchos siglos antes de que la quemaran, cuando tenía 150 casas, va y se te mosquean. Claro, eso es meterse en politiquerías y cosas de vascos. Aquí, vascos en la vida hemos sido, que conste –rubrica con deje irónico.

Al conjuro de aquellas mujeres, brutalmente asesinadas por la cerrazón y la intolerancia, Raquel revive fórmulas magistrales, bebedizos y ungüentos; e incluso, en claro síntoma de hechicería, ha heredado la aversión por llevarse hilos y botones a la boca.

–Oye, que esto es serio –añade remansando los ojos en las figurillas de arcilla que acabarán desmoronadas antes de ir al horno de la panadería–. ¿No pensarás que van de cachondeo? ¡Pues no tiene bemoles ni nada la cosa!

–O sea que la ermita de San Pedro, en Oronz, se construyó para lavar la infamia de haber sido un terreno de aquelarres –desvío la conversación.

–Aquelarre el que te van a montar a ti como no espabiles.

–Ya será menos.

–Ya lo comprobarás tú mismo.

–Venga, trae un beso y no seas alarmista.

–Que no, leñe, que me hagas caso.

–¡Hala!, suelta todo lo que sabes, si no revientas.

Y con una sonrisa que la delata, se desprende del abrigo hasta media pierna, un corte negro que saldaban en el Rastro de Madrid, que por hechura y diseño debió donar alguna marquesa manirrota en la campaña navideña de Auxilio Social en el 43, año arriba, año abajo. Se ha dejado un *foulard*, que no pregunto de dónde lo ha sacado para no encabronarme con el Manu, que ni lo conozco, y a ver qué culpa tiene el hombre de mis celos tempestuosos. Mas me jode el buen gusto que tiene para elegirle ropa. ¡Claro que en París, cualquiera!

–Lo de no rezar al entrar en clase ha sentado mal no sólo al carcamal del cura, sino a la práctica totalidad del pueblo. Da una explicación antes que el asunto te desborde –aconseja con la mirada extraviada en el teatrillo de guiñol, escenario de batallas, conjuras, pactos y guerras de cien o mil años, con que los cursos superiores tratan de comprender las embrolladas motivaciones que mueven u obstaculizan las fuerzas de la Historia.

–¡Cojonian, no será para tanto! –quitando hierro al asunto.

–Te la estás buscando por ingenuo. Todos somos muy majos hasta que alguien se nos mete entre ceja y ceja. Y entonces ya puedes hacer milagros que no te lava todo el agua del Jordán.

–Si ya lo dice la canción, U*n pueblo es, un pueblo es, un pueblo es* ... Más claro, agua sin gas –desdramatizo.

–Estás más inanio que el Zoco haciéndole dúos a la Ostiz.

–Y tú viendo fantasmas en cada sábana bajera. La gente de este pueblo será como la de cualquier otro.

–Bueno, todo acaba siendo cosa de tres soplones de medio pelo, gente del Movimiento, de adhesión inquebrantable y firme el ademán.

–¿Aquí también hay apolíticos de ¡Franco, Franco, Franco!?

–Mientras no manden otra cosa, aquí, como en tantas partes, franquistas. ¿Qué pasa, que Pamplona es una república popular? No te fastidia con el marxista-leninista.

Bocinazos intempestivos nos llevan a la ventana desvaneciendo como en un exorcismo la imagen del Caudillo. Un *land rover* con remolque da la vuelta triunfal al pueblo. Arrastra, como las mulillas de una plaza de toros, el cuerpo desangrado de un ciervo. La caza es una actividad colectiva y familiar: los hijos pequeños resaquean, los padres disparan y las mujeres hacen embutido o salan alguna pierna como atzerki de cabra. La bocina atruena la sobremesa. El toldo que cubre el remolque gotea sangre, barro y grasa construyendo un reguero impreciso y doloroso. Con gesto de así son las cosas volvemos a lo nuestro. Raquel me expone el guión de la primera audición. Yo hago matizaciones, fáciles y obscenas, sobre una demostración de «instrumento» para mí sólo. Pone cara de mandarme a tomar viento, y justifica el ceño fruncido matizando que «el viento», como el metal, la madera o la cuerda, también es una familia musical. Yo me quedo sin saber muy bien por dónde me da el aire.

Raquel se ha largado de Pamplona a meditar su presente. Vivimos años de exilios forzados y voluntarios autoexilios interiores. Años de compromiso militante y certezas ideológicas que apenas dejan reposo para los sinsabores propios. Tras la caída policial de la célula marxista que se reunía en un piso de la calle Jarauta, propiedad de una tía abuela, le aconsejaron poner tierra de por medio; y aquí está, diseñando un futuro incierto mientras amamanta recuerdos de infancia. Necesita tiempo y sosiego. Necesita hablarse a solas mientras hace las paces con su violín.

Desde su paso adolescente por la Juventud Obrera Católica, tapadera de otros caminos iniciáticos para la toma de conciencia, la han azuzado al enfrentamiento con sus estudios de violín. «Es un hábito musical pequeño-burgués», aseveraba su responsable político, un currela de aspecto juvenil y envejecida arteroesclerosis estética. En el Centro Mariano de la calle Mayor, y con el fondo de los cantos teológicamente comprometidos de una misa de Vanguardia Obrera, tomó parte en acelerados cursillos de proletarización donde exhortaban a los estudiantes a penetrar en el tejido obrero. Mientras sus compañeros varones aprendían chapa, calderería y soldadura en los cursillos de capacitación profesional y obrera –PPO– que les permitiera ponerse a trabajar en un fábrica o taller («Ahí está la clase trabajadora y no en las *Obras Completas de Lenin*», les vapuleaban), sufrió un pormenorizado interrogatorio sobre sus actividades musicales, afición impropia y mal aparejada con la lucha de clases. «Incluso Lenin, el mismo Lenin –argumentaban– no podía escuchar música, pues le volvía sensible, y no debía permitirse debilidades que lo distrajeran de un combate en el que se jugaba el futuro de la humanidad entera y bla bla bla bla bla bla bla».

–¿Comprendes? Estamos hablando de la humanidad entera –se reafirmaba el responsable político.

Abrumada, Raquel imaginaba una marea ondulante de puños y banderas rojas aguardando, bajo su ventana, la *fumatta* blanca de su rendición incondicional, su autocrítica pública, el gesto de su definitiva renuncia a veleidades propias de un ocio desclasado. ¿Cómo negarse si es la redención del género humano lo que está en juego? Y con mal disimulada resignación enfundaba el violín para evitar la tentación de acariciarlo. Pudo responder a sus detractores gracias a un amigo providencial que le facilitó el *Ensayo sobre Arte y Cultura* de Trotsky. Armada de razonamientos incuestionables («Oye bien, incuestionables, ¿eh?»), contraatacó con cierto éxito al aprendiz de comisario político. Comprendió inmediatamente que se había agarrado a un clavo ardiente para salir de aquel acoso torpemente revolucionario. Contratar como abogado de causas artísticas perdidas a León Trotsky fue sumar, a su ya intrínseca perversidad musical, los calificativos de trotskista enemiga de la clase obrera, camuflada agente del imperialismo y toda la fina analítica que el estalinismo dominante entre los revolucionarios navarros, voltea a su izquierda en los debates de fogosa oratoria proletaria que consumen gran parte de nuestras energías emancipadoras.

«Por si no lo sabías, los primeros que pensamos fusilar son los trotskistas», la había sentenciado un reconocido dirigente de otro grupúsculo con ambición de poner patas arriba el orden mundial. Cabecilla maoísta al que evitaba cuidadosamente, pues, habiendo opositado para policía municipal, lo mismo le daba por ejecutar la fijación de hacer limpieza con los trotskistas ahora que estaba armado. A decir verdad, el feroz comunista reconvertido a la ordenanza uniformada y la autoridad ya no era un peligro, o lo era de otra manera.

–Ni más ni menos que por eso me cayeron bien los *trotskos*. Y no me digas que vaya manera de posicionarme políticamente. ¿No esperarías que me hubiese hecho *china* que ni siquiera permiten tocar a Beethoven y han desmontado la Ópera de Pekín? Por cierto, hablando de derechas e izquierdas, me parece que la derecha es que hables cuanto antes con don Salvador para...

–La derecha es que hable con «la derecha» –completo su frase.

–Algo así. Tú habla con el cura y trata de aclarar las cosas. Luego vuelve a convocar a los padres, pero con más vista, que ya te luciste una vez. Con la excusa de las Navidades les das el palique y, con un poco de habilidad, te los metes al bolsillo.

Ponerme frente a los padres, sabiendo que el ambiente está enrarecido, es colocarme frente al plinto o el potro de saltos en las clases de Educación Física de mi adolescencia. Aquella máquina de gimnasia me tenía contento. Inmóvil como un tiburón aguardando a su presa, oscura como una amenaza, enorme e insalvable. Y yo escurriéndome entre los últimos de la fila, encomendándome a toda la corte celestial por si colaba, «¿A qué espera Marcilla?», atronaba el profesor de gimnasia un maduro monitor de campamentos del Frente de Juventudes de Falange. En sueños, siempre la misma pesadilla. Un salto en el que nunca aterrizaba. Tomaba impulso y me iba, como un astronauta braceando y pateando por el aire al ritmo del *Danubio azul*.

–¿Piensas hacerme caso?

¡Ay, Raquel! Su maestro Alfredo Larumbe, boina y bufanda de secretario de pueblo algo barojiano, le había mimado arcos y arpegios endiablados de violín.

–Aquel sí que era un músico. Cuando estuvo en la cárcel, por republicano, construía violines con materiales de desecho.

Y aquí la referencia inevitable a Paganini, el súmmum de la perfección gracias a la prolongada detención que le dejó una sola cuerda en el violín. Acabaremos bendiciendo a los dictadores que permiten a los genios encontrarse a sí mismos en las cárceles. Mira por dónde nos va a salir la faceta desconocida de un Franco bienhechor de cultura. Pues sí, Alfredo Larumbe construía violines o los husmeaba en los lugares más caprichosos. El mejor que tenía se lo compró a un payaso de circo. Ya sé que parece un tópico de neorrelismo italiano, pero así fue. Compró otro a un crío que lo arrastraba como si fuese un camión. Larumbe murió despacito, casi pidiendo disculpas. Quiso llevarle flores, ramilletes de lirios y violetas. Dio vueltas inútiles por el cementerio buscando a su maestro, sabio y librepensador. A falta de hallar su nicho, depositó unos pétalos sobre la tumba de Basilio Lacort, fogoso republicano de principios de siglo que hubiera podido ser un símbolo de libertades si los navarros tuviéramos hábito ensalzador, pero somos distraídos en el agradecimiento. Vagó por el abandonado cementerio civil de Pamplona esparciendo en esa tierra olvidada clavelinas silvestres y caléndulas amarillas. Sobre aquel suelo que nadie visitaba, arrojó flores al aire como otras alfombran la calle al paso de la procesión del Corpus.

Raquel guarda el violín en funda de gabardina, junto al metrónomo solidificado en un medio tictac.

–Cualquier día de estos voy a repasar lo del concierto de fiestas, ya verás.

–Veré.

–Menos descojono.

–A ver si es cierto.

Rancheras para las meriendas de mozos y habaneras para las cenas de casados. Decía que de mayor entraría en la Orquesta Santa Cecilia para interpretar *Fantasías vascas* con Bello Portu de director trotando por el escenario entre los ¡bravos! de los incondicionales y los abrazos teatreros del primer violín. Tiene su gracia lo de la Santa Cecilia. Se adivina un picadillo zarzuelero entre cuerda y viento, un rifirrafe de civiles y militares celebrando una jornada de confraternización entre el pueblo y las fuerzas armadas. ¿Cuántas orquestas hay formadas por empleados de banca, relojeros, carboneros, profesores de conservatorio... y militares en activo? Parece una orquesta de país socialista.

Raquel se promete preparar las Vísperas de San Fermín y salir en la ronda de San Pedro, con los Amigos del Arte, junto a Serruchini, blusón y puro en la boca, *Amapola, lindísima amapola*. Tocar junto a El Gutti, vendedor de sal a domicilio, y Zapatero que sigue la melodía en sueños, con el pulgar retorcido de una vida acomodada a las clavijas. Sí, serán buenos tiempos, seguro que sí. Sólo por tener la posibilidad de hacerlo da por bien empleados los muchos años de conservatorio.

MEMORIA ELEVADA A LA COMANDANCIA DE PAMPLONA CON LOS INFORMES DE LOS PUESTOS DE LA GUARDIA CIVIL EN LOS VALLES DE AEZCOA, RONCAL Y SALAZAR. Noviembre de 1944

Concluidos los intentos de penetración que el bandolerismo ha desarrollado durante estas semanas, se remite a esa Comandancia una relación pormenorizada de los mismos.

Ha coincidido en el tiempo con la pretendida invasión comunista en el Valle de Arán, y posiblemente haya sido planteada como una acción de dispersión y confusión que atrajera un número importante de tropas y evitara así que éstas se concentraran en el área que verdaderamente habían dispuesto para la invasión: el Pirineo leridano.

Se ha visto afectada la zona comprendida entre Valcarlos y el puerto de Arlas, al sur de Sainte Engrace. A ellos debieran añadirse los intentos paralelos ejecutados en la zona de Lesaca, Bidasoa y Baztán de cuyas características habrán sido ya informadas por los respectivos puestos del Cuerpo allí destacados.

De la información obtenida a los prisioneros se desprende que han sido las llamadas brigadas 54 y 153, bajo supervisión del «Alto Mando Guerrillero de la Junta Suprema», las encargadas de realizar este ataque, cuyo objetivo, además de pretender confundirnos sobre sus verdaderas intenciones en Arán, era conducirlos, divididos en pequeñas partidas, hacia el interior del territorio nacional para crear nuevos focos de bandolerismo o tomar contacto con otras agrupaciones que vienen actuando criminalmente desde la terminación de la victoriosa Cruzada.

A tales fines, en la noche del 3 al 4 de octubre, penetró la brigada 54 formada por 250 hombres, quienes mantuvieron un tiroteo en el portillo de Laza con un destacamento de la Policía Armada, muriendo tres guardias y siendo capturado un número y un sargento de este cuerpo. Con fuerzas del Ejército y Policía tuvo lugar otro encuentro en Vidángoz resultando muertos un teniente, dos cabos y dos soldados, así como seis bandoleros. Y en unas bordas al norte de Asagarbia, en el que se llegó al cuerpo a cuerpo, resultó muerto un teniente y cinco soldados. Otros dos soldados y cinco bandoleros resultaron muertos en el portillo de Ollate, donde se hicieron treinta prisioneros. En Abaurrea Alta atacaron el cuartel, llevando como escudo al propio alcalde, y lograron abatir a un guardia y herir a otros tres.

Los días 20 y 21, unos cuatrocientos hombres pertenecientes a la brigada 153 penetraron por el portillo de Arracogoiti, bajaron camino de Isaba y, atravesando el barranco de Belabarce, marcharon hasta Garde, en el límite de las provincias de Huesca y Navarra, donde fueron dispersados por unidades de la Guardia Civil.

El 30 de octubre unos 300 hombres realizaron un último intento por Burguete y marcharon en dirección al valle de la Ulzama corriendo la misma suerte que los grupos anteriores.

Hay constancia de la presencia de guías de la región entre los bandoleros, algunos de ellos antiguos vecinos de estos pueblos que escaparon al comienzo del Alzamiento Nacional para no tener que dar cuenta de su obcecada ideología marxista y separatista. Como caso anecdótico cabe señalar el enfrentamiento ocurrido en el lugar de Coista, en el bosque del Irati, donde un grupo de facinerosos, procedentes del inmediato monte Ori, fue controlado en una emboscada nocturna. Se dio en ese caso la extraña coincidencia de que los guías, tanto de la patrulla nuestra como de la partida de bandoleros, eran hermanos, oriundos del pueblo de Argondoa, en el valle de Salazar: Rodolfo y Tiburcio Semberoiz Gorría. A resultas del encuentro murió el guía comunista con la consiguiente sorpresa de su hermano, guía nuestro y de probada adhesión al Régimen.

No se descarta tampoco la colaboración con los infiltrados de actuales contrabandistas. Han sido desarticulados varios grupos de enlaces, y localizados e inutilizados algunos refugios previamente dispuestos para cobertura de los invasores. Al margen de esas pocas actitudes aisladas, la reacción de la población local ha sido de indiferencia hacia los bandoleros y de activa colaboración con las fuerzas de seguridad del Estado en general y con este Cuerpo de la Benemérita en particular. La propaganda que arrojaron tratándonos de hermanos e hijos del pueblo ningún efecto tuvo ni entre civiles ni uniformados.

El duro castigo militar que han recibido, sobre todo en sus intentos de volver atrás y repasar de nuevo la frontera para obtener seguro refugio en Francia, les servirá sin duda de escarmiento para el futuro, y deberán valorar cuál es la actitud de la población, firme y unida a la gran obra del Caudillo.

FIRMA Y VISTO BUENO DE LOS JEFES DE PUESTO

Noviembre de 1944

Domingo, día de visitas familiares. Inmovilizados en el salón de estudios del Seminario Diocesano disimulábamos la ansiedad leyendo libros, ordenando colecciones de sellos, haciendo trabajos de marquetería. Aplacábamos la impaciencia con aficiones de internado, largas horas necesitadas de coartada. Algunos compañeros, medio iluminados por el arrebato contemplativo, leían vidas de santos. Otros, viva estampa de san Luis Gonzaga, desafiaban la prohibición expresa de su director espiritual apretándose, con gesto dolorido, el cilicio en la cintura. Justificaban la sobrecarga en su tortura achacando a los días festivos el ser jornadas de relajo en las que convenía extremar la precaución frente al pecado. Teníamos doce años y nos sentíamos convocados a un destino de inmolado sacrificio.

El altavoz transmitía marchas militares, arias, oberturas de ópera y fragmentos de zarzuela (*Los sitios de Zaragoza*, *Jardines de España*, *el Concierto de Aranjuez* y cosas así). Atentos, esperábamos nuestra llamada por la megafonía. Eramos plantas domésticas que, abandonadas en vacaciones, esperaban el riego largamente postergado. Por fin me nombraron. ¡Qué prisas retenidas! Debíamos guardar la compostura, domar los afectos. Mi familia aguardaba sentada en la enorme sala de visitas pintada en gris metálico. Era un locutorio de cárcel abierta, un vis a vis sin rejas. Mi madre sostenía una bolsa de tela blanca grabada en punto de cruz roja: T-42. Era mi clave personal, bautizada igual que un carro de combate ruso de la Segunda Guerra mundial, T-42. Contenía el equipaje de mudas limpias cuyo olor familiar aspiraría en el anonimato de mi camarilla con la sensación de saberme practicante de una debilidad emocional. Las olería una y otra vez con el cuidado de no ser sorprendido en un gesto obsceno, como si practicara un pecado solitario. Bolsa fetichista que acariciaría en desesperada orfandad infantil para convocar los apagados susurros de mi casa. Devoraría luego los tres pasteles de Taberna y el bocadillo de lomo con pimientos, en un atracón de bulimia emocional. Y a partir de la noche, comenzaría la cuenta atrás de la nostalgia hasta la próxima visita.

Al atardecer, cuando los niños de ciudad comían crispetas con miel compradas en el carrico de Eliseo y veían una sesión de cine doble en el Novedades, nosotros rezábamos el rosario. El rosario dominical llevaba un acompañamiento especial como paella de día de campo. Tenía incienso y *tántum ergos* filtrados por las vidrieras de la capilla. La música del Club Natación atravesaba la Media Luna y profanaba el rezo vespertino. Aquel monástico reposo de novenas a María paseando por el campo de fútbol era sacrílegamente herido por la Orquesta Amanecer. Contestábamos automáticamente las largas letanías, pero nuestra cabeza canturreaba con la cantante a la que imaginábamos dulcemente pecaminosa. A cada invocación mariana respondíamos con un *ora pro nobis*, aunque un observador atento que leyera nuestros labios hubiera entendido *Esperanza, Esperanza, sólo sabes bailar cha-cha-chá*. Los más exaltados, protegidos por los pinos de la gruta erigida a la Virgen, ensayaban un torpe y disimulado paso de baile.

Han pasado doce años, también es domingo. Raquel conduce el Renault 4-L con el parabrisas salpicado de agua y barro, no funciona el limpia. Canturreamos *Zer duk nigarrez, zer duk hain ilun euskaldun gudari*? Monte arriba, en Zotrapea, la niebla se abraza terca lamiendo mi cara con su aguachirris.

Las ramas del bosque son hisopos que nos bendicen al pasar. Recostados contra un árbol del que cuelgan pulseras de musgo, las manos sondean una respuesta del otro cuerpo. En los tobillos se enredan híbridos de liquen y alga marina. Me froto en la humedad de tu nombre al ritmo del acelerado tantán del corazón y me queda un sabor dulce, como memoria de un vino en un paladar exigente. Se me ocurre que debiera acompañar mis gestos y quiero decir algo, y lo digo aunque no me oigas. Intento reconstruir el éxito de una caricia, pero te adelantas y lo haces tú, y lo haces distinto, y me dejo hacer. Y hay un silencio en el que brincan las corcheas de la respiración acelerada. Luego es un mismo vaivén, un mecer de cuna en la oscuridad, un envolvente deslizarse de tus pechos en mi vientre, un reptar de anfibio sobre el tibio canto rodado de la orilla.

En la borda abandonada, apenas un refugio de pastores para tormentas de verano, la paca de hierba esparcida huele a lana mojada. Las lajas de piedra del tejado asordinan la lluvia incesante. El deseo es emprendedor, busca paisajes escondidos y tropieza, con desparpajo y sin sonrojo, en una mutua aproximación. El frío ambiental transmuta las caricias en vapor. La pasión se materializa como la evocación de un fantasma familiar y juntos descubrimos fronteras recónditas, límites que creíamos lejanos e inaccesibles. Giramos la llave y, por la puerta entornada, nos colamos de rondón uno en el otro, y somos huésped en otra carne, visitante que trae un inesperado desajuste doméstico, un bienvenido desorden amoroso que hace temblar la rutina y pone patas arriba la prudencia. Con la constancia del explorador avanzamos en el mutuo reconocimiento, tanteamos sin volver sobre los pasos dados. Como un topo en la oscuridad excavamos galerías prohibidas, horadamos el pórtico atravesado en el tiempo, penetramos el túnel de un negro agujero sideral. Y el cuerpo destila líquidos de alquimia, esencia vital en donde chapoteamos. Tus piernas se deslizan en mi espalda con tintineo de pulsera entobillada.

Soy trucha que busca refugio en tu cueva de agua remansada, un picatroncos que ensancha el leño con repiqueteo de txalaparta. El placer es una marea que sube y baja, cubriendo alternativamente las rocas de la orilla. El sismógrafo registra las ondas de un terremoto íntimo cuyo epicentro me resisto a abandonar. Lejos, muy lejos, ladra un perro alterado, husmeando el aire que le lleva olores sensuales, de gozo próximo. Aúlla al bosque silencioso y yergue las orejas en busca de otro aullido amoroso que le responda, tal vez su propio eco.

Gure urdeak erdi hemeretzi txerri.
Hurak anditzean ogei urde larri.
Lakrikun firariarena
Lakrikun fira marirun!

Coincidiendo con el creciente anunciador de un paréntesis de buen tiempo, se han iniciado los matatxerris, poco numerosos, pero con el mismo ceremonial de fiesta de antaño que ponía en danza a la familia. Rodeada por una multitud de parientes, vecinos, baldes de agua hirviendo y niños sin escuela, la mondonguera arrincona a la dueña de la casa que no se resigna fácilmente a ocupar segundos puestos en enredos de fritura y pucheros. Mesa de día grande para el obligado almuerzo de «maridonoveas» y cena contundente. Estoy invitado en casa Kirixko, parientes de Raquel, y se agradece que nadie me haga los cumplidos, aturrullados como andan con el trasiego de la matanza. A la noche es otra cosa.

–Venga, que nunca el cerdo hizo mal a nadie –me apuran con la morcilla.

–¿Que no hizo daño a nadie? A ti será, que nunca limpias la pocilga –bromean enchispados por el ambiente.

–Come, que ya te tocará tragar cerdos peores –replica con pésima intención Raquel haciendo un mordaz signo de la victoria.

La interrogo enmarcando las cejas y responde, enigmática, acompañándose de un suspiro vencido.

–No sé si te conviene comer más cerdo, pero con el cura acabarás comulgando ruedas de molino.

–¿Tienen colesterol?

–No, y además las puedes acompañar con papamisha para empujar.

–¿Decías?

–El pan bendito de la iglesia –me aclara sin dejar de untar.

Hay un trasiego de fuentes de loza, botellas de vino y tajadas de pan que nos distrae en sabrosos comentarios. Raquel vuelve al punto de partida:

–El *cuervo* insiste en organizarte un «homenaje».

–¿Qué le he hecho yo a ese hombre? –clamo al cielo, sabiendo que el cielo no me oirá.

–¡Desertar del Seminario! Si te parece poca traición –se burla Raquel triunfante.

Los comensales que nos rodean se sienten en la obligación de intervenir sin saber muy bien por dónde van los tiros.

–Para espantar cuervos lo mejor es quemar caucho, ruedas de coche y eso –sugiere la abuela, algo sorda, pero con todas sus facultades en pleno para guisar menudos, patas de cerdo y otros txerrikis caprichosos. El amo joven, que comparte la casa con la mujer y un hijo, dos hermanos que trabajan en la serrería, los padres y la abuela, es más resolutivo:

–A los problemas hay que tratarlos como a los cerdos, cuando han engordado demasiado, tajo al cuello, chocarrar y despelleje.

–¿Don Salvador? Menudo enredador. Siendo aezcoano... –celebran con risas la alusión al valle colindante. Siempre es bien recibido recordar los tiquismiquis con los vecinos, y la abuela pone al picadillo entre aezcoanos y salacencos el refrán de la memoria popular que recuerda lo miraos que son para lo suyo los del otro valle:

–*Aetza bere tentuari*. –Y yo me quedo sin saber con qué lindeza corresponderán los aezcoanos al cumplido.

La noche es de pesadilla, a base de bicarbonato y manzanilla. Aguardo el amanecer, que el quehacer del día me ayude a digerir la piara de cerdos que gruñe hozando en mis tripas.

A la mañana, camino de la escuela, me cruzo con Dionisio que baja de la panadería con un cabezón de la primera masada. Le gusta exhibir su perfil políglota y, al cruzarnos, me saluda en vascuence, un euskera mestizo, híbrido del escuchado a los padres en casa y entremezclado con el habla de los leñadores de Leiza y Sumbilla que trabajaron con él en el monte.

–*Corpus Christi* –dice santiguando el pan–. Hay que comprarlo temprano y darle tiempo para que se enfríe para la comida.

En el revuelo de fichas de dominó en que acaban muchos días pupitres y sillas, vienen los niños a ordenarse en filas, con la tradicional referencia de iglesia o jerarquización de antiguo baile pueblerino. Es el atavismo, la rígida estructura tribal que no desaparece. La pared, floreada de dibujos, murales, gráficos y poemas, es rincón de confidencias femeninas. Los chicos, junto a la ventana, se dejan llevar por los estampidos aislados de la partida que en Txangoa acosa jabalíes. Unos y otros se miran y repasan en un *pas à deux* de Baile de la Era. Frente a frente, controlada la distancia, sin roces ambiguos de la mano. Los sentimientos, que vienen a ser la vida camuflada de pudoroso recato, se transmiten por el encaje de un pañuelo alcahuete. Chicos y chicas quisieran mirar el rostro que tienen delante, pero acaban por mirar hacia otro lado, presos de un rubor invisible.

Escribimos desganada y equívocamente. Donde dicto masculino, entienden Marcelino. En manos de Cristina la dinamita se vuelve menos peligrosa convirtiéndose en «mimamita». Los generales tuvieron un acceso de pacifismo y decidieron objetar llamándose, según explica José Antonio, «güenerales», porque ya son «güenos» y dejaron de jugar a guerras y petardos. Ahora, a trabajar palabras con los de Infantil:

–Una cosita que empieza por m y acaba por e. ¿Qué será? –pensativos, cuentan con los dedos, ponen los ojos en blanco, miran hacia el techo... y, por fin, una se anima–. Aúpa, Carmen, di qué puede ser. M al principio, y e al final –una última indecisión y:

–¡Camioneta! –responde incrédula y entusiasmada de su propia capacidad.

¿Quién va a creerse el estrés de los maestros con estas clases de diversión garantizada? Tanto desatino, tanta frase alocada producen la hilaridad y el jaleo general al que, sin entender de qué va, se suman los peques con entusiasmo. La clase es tal cauce de inventivas, de risas e improvisados delirios de lenguaje, que más parece una página disparatada del *Pequeño Nicolás* de Goszinni. Y en este despropósito se van dando de baja las horas y enderezándose la mañana que se insinuaba larga y tediosa, pesada como mi propia digestión.

Un tímido sol otoñal ruboriza columpios y toboganes. El viento helado, nacido en los ventisqueros del puerto largamente blanqueados por las primeras nieves, barre el patio y enrojece, más si cabe, nuestras caras encendidas por la batalla de jergas y redacciones variopintas de la clase de lenguaje. Entre risas, bromas y empellones, se dispersan en desordenada carrera tras un balón que escapa aterrado de sus desairadas patadas. Carlos –seleccionador, árbitro y delantero de los dos equipos–, comanda el partido de fútbol de los chavales. Las chicas buscan el abrigo de los rincones soleados, enfrascadas en misteriosas conversaciones, todo murmullos, secretos de amiga, intimidades de preadolescente. Otras, más niñas, saltan a la comba:

A, *Mariquita enfadada está*
E, *porque no sabe leer*
I, *porque no sabe escribir*
O, *porque no entiende el reloj*
U, *porque no va en autobús*
A,E,I,O,U.

Los pequeñicos, perdidos en la marabunta arrasadora de los mayores, vagan sonámbulos con el chocolate del almuerzo derretido entre las manos. Medio lloran medio ríen al levantarse de los trompicones que les propinan los demás, sin saber muy bien si es invitación brusca al juego o empujón a secas. Llamo su atención con una servilleta y jugamos a la gallina ciega. Jesús extiende sus manitas hacia el vacío. Cegado por el trapo, se mueve a trancas y barrancas en un torbellino de cuerpos que lo evitan. Solo, patéticamente aislado, esforzándose en buscar un amigo, está a punto de gritar: «Dejaos atrapar, que no la pararéis. Sólo quiero comprobar que estáis ahí, que no me habéis abandonado, que todos vosotros jugáis conmigo».

Peonza danzarina rodando en un vértigo de voces desconocidas, atrapa a Irene y no la reconoce. Manosea su cara, las trenzas inconfundibles. No sabe quién es y se echa a llorar. El cielo remolinea usines... ¡Hale, hale!, adentro que hace frío. Palmoteo las heladas manos de Jesús. Chispas de nieve en su flequillo; langarra acuosa en sus ojos nublados.

Axuri beltza ona dun baina
xuria berriz hobea

Aclarado con don Salvador que la clase de religión era responsabilidad suya y que de ninguna manera iba a impartirla yo en sus ausencias, un distante comportamiento preside nuestros escasos encuentros. Nos evitamos, y si coincidimos en el limitado espacio público que compartimos (el entramado urbano de ochenta casas no da para muchas privacidades), intercambiamos avaros saludos y desconfianzas mutuas. La temporada de caza lo mantiene distanciado. Don Salvador, incorregible aficionado al trabuco, busca el cado al jabalí, a la codorniz o al corzo con la misma devoción y ardor que a mí las cosquillas o a las mujeres los vedados secretos de la vida marital. Se le va la mano del santiguarse al gatillo y de éste al cigarro en veloz malabarismo. «Dios me perdone», musita en un por la señal, y, en bronco artificio de muerte catapultada, queda sellada la vida de la pieza, encomendada, eso sí, a toda la corte celestial.

Caricaturesco residuo clerical, ensotanado hasta el tuétano, montaraz pero ilustrado a su modo, gusta del buen comer y del sermón apocalíptico. Con la falsa erudición de aficionado a crucigramas y a las frases escogidas del *Calendario zaragozano*, adorna su palabreo de citas versadas. El despliegue oratorio, la más de las veces ininteligible para su feligresía, le garantiza una aureola de cultura y refuerza su ascendiente en las almas cándidas, que son muchas. Se aferra al reducto de un pueblo que presupone incorruptible, y vislumbra, aterrorizado, el auge modernista de sus hermanos en la fe. Huye alarmado del cristianismo de comunidades de base que reza con igual devoción a Engels o San Judas, patrones ambos de causas imposibles. Un cristianismo que busca edificar una Iglesia comunal, a medio camino entre un monasterio franciscano y los falansterios del socialismo utópico. Ante los sacerdotes recientemente detenidos, multados o encarcelados por «connivencia rojo-separatista», se pregunta más perplejo que colérico: «Señor, Señor, ¿adónde vamos a llegar?».

Poco dado a las noches oscuras del alma y otras zarandajas contemplativas, vive al amparo de misales y escopetas, acomodado en una parroquia fiel que le reverencia temerosa. Se le ve en atardecidas de breviario sentado en el pontón de Apeztegi, tomando notas para el próximo sermón. Agasaja con caza de pluma al señor obispo en su anual visita de confirmaciones, e igualmente corteja al poder militar, invitando al capitán del puesto de la Guardia Civil, un gallego apodado Carayu que hace la vista gorda a sus incursiones de caza fuera de temporada. Don Salvador pone a prueba la sagacidad deductiva del capitán Barreiro Oliveira haciéndole pasar guisado de corzo por carne de jabalí; y el capitán, conocedor de la argucia, se deja engañar para alentar la invitación a otra próxima merienda.

–No olvide, amigo Carayu, que la cruz y la espada fueron sostén del Imperio.

–Pues ya me dirá qué Imperio –y, mirando en derredor, el capitán levanta los hombros con resignado pesimismo histórico.

–Las glorias pasadas son un espíritu indeleble que nunca desaparece. Le acompañan a uno como la gracia santificante.

El miembro del benemérito instituto, acostumbrado a la frialdad del cuartelillo, se chuparía hasta el correaje si no lo prohibiera el reglamento y, buscando la complacencia del cura, responde con melancólica morriña gallega:

–Este plato sí que tiene gracia santificante. Me hacía al jabalí tan duro como el pulpo, y mira tú.

Don Salvador es un empedernido jugador de cartas que apuesta hasta la calderilla que rasca del cepillo de la iglesia. Gustoso del chocolate junto al fuego, es una estereotipada ilustración de almanaque anticlerical de época. No dudaría en ponerle a cualquiera una pistola al cuello para forzar su conversión al buen camino. En dos meses, he podido deducir que no mea precisamente agua bendita. Y ahora que lo observo desde la tarima en que se alza mi mesa, amedrentando con su decisión y su genio pronto, no me inspira confianza alguna para confesarle mis pecados.

–Creo que no ha entendido muy bien su función aquí –me conduce fuera de clase y, al cerrar la puerta, quedamos en la semipenumbra del pasillo.

–Usted dirá.

–Las Navidades son fiestas religiosas de gran arraigo y no permitiré que, bajo apariencias inocentes, pretenda desacralizarlas, sacarlas de contexto abusando de nuestra buena fe –mis ojos, mal adaptados a la escasa luz del corredor, vislumbran puntitos de caspa flotando en sus hombreras–. Estoy perfectamente enterado de sus intenciones y, en bien del pueblo y a la larga del suyo propio, le aconsejo que esta farsa no siga adelante.

–Yo no diría que las cosas sean exactamente así.

–¿Ah, no? ¿Y cómo las ve, entonces?

–En la reunión que hice con los padres quedó claro el sentido de la fiesta. Tratamos de recuperar costumbres que han sido tradición hasta hace pocos años. Usted mismo debe haberlas conocido.

–Conocer, conocer. Ya lo creo que he conocido... maestros de su misma escuela, ziriquiadores, metomentodos, presuntuosos que vienen a darnos lecciones sobre nosotros mismos.

–Perdone, pero en absoluto es mi intención...

–De bienintencionados está lleno el infierno. Listillos de ciudad que pretenden redimirnos de «nuestra desidia». La gente de aquí siempre ha confiado en los maestros y jamás pensaría que algo malo pudiera venir de ellos. Pero yo sé muy bien que muchos maestros han sido y son propagadores de todo tipo de ideas disolventes –prosigue su arenga llena de falsetes puesta la vista en un horizonte católico donde no se pone el sol. –Ya tuvimos en la República un maestro que, si no sale voluntario para el frente, poco le hubiera faltado para criar malvas, como vulgarmente se dice. No debió irle tan mal el cambio de chaqueta; el pájaro se metió falangista y aún le vimos volver por aquí de jefecillo de no sé qué. ¡A eso se llama fidelidad! Me besaba la mano el muy cretino, como si no fuera público su pasado. Acabó en Madrid, y por lo que se ve haciendo carrera en Hacienda. No le duraron mucho, no, las ideas ardientes y las proclamas revolucionarias.

Divaga don Salvador justificando su solapada campaña contra los preparativos navideños que tanto entusiasmo han despertado en los chavales y en no pocos padres. Es imposible darnos tregua. Sabedores ambos que del éxito de esta incruenta batalla se logrará mucho más que folclor barato, ninguno está dispuesto a levantar bandera blanca. Algo tan modesto como recuperar una tradición pierde su inocencia si contribuye a que un pueblo se reencuentre con su pasado reciente, si facilita el autoconocimiento de una personalidad modelada por muchas generaciones anteriores. Iniciativas así nos alejan del vértigo del vacío, del despojo cultural, de esa reiteración mimética que modernamente llaman uniformidad social.

–Mire, no sé si está bien informado o hay quien enreda más de la cuenta –lo atajo en un respiro de sus considerandos–. Lo que es normal en Ochagavía, con su antiguo villancico en euskera, el *Berrus*, en Esparza con el *Eguberri* o en Ezcaroz, donde celebran la bienvenida de los Reyes con una cencerrada, puede serlo aquí perfectamente. Y son los propios niños quienes están investigando, preguntando en las casas. Así pues, no veo ninguna razón para dar marcha atrás, más bien todo lo contrario. Y no estaría de más que usted colaborara también para facilitar este proyecto. Tiene la autoridad moral suficiente para encauzar las relaciones de Argondoa, y no dividirlo ni enfrentarlo coartando una iniciativa que lo dinamiza.

–Mucha dinámica y mucho costumbrismo, pero casualmente la tradición que se recupera está en vasco, y se pretenderá, solapadamente, contraponer costumbres paganizantes con el verdadero espíritu cristiano de la Navidad.

–No hay necesidad alguna de enfrentar ambas concepciones. Pueden convivir perfectamente

–Que se le ve venir, hombre, que yo no me chupo el bonete. ¿Me ha tomado por imbécil, o qué?

Me aprieta el brazo con violencia, con el disimulado tormento con que algunos curas y monjas pellizcan carnes ajenas. Las manos de don Salvador son transparentes, de azuladas venas subterráneas, manos blancas como hostias pulidas por el uso. Pudieran ser manos de beato junto a un corazón en llamas, manos de unción de enfermos, de obrar milagros. No lo son. Las veo crispadas, atenazadas, cerradas en torno a presas imaginadas, apartando apariciones tentadoras que socavan su autoridad. Con gesto brusco me deshago de su presión y, en un aparatoso remolino de manteo, me deja plantado. La puerta, abierta de par en par, lo recorta amenazador, mientras se aleja precipitadamente por el patio, con un siniestro crujir de gravillas bajo su bota de cazador perseverante.

Abendu xuri
ez ardi ez axuri

La secretaría del Ayuntamiento comunica con la pequeña sala de reuniones de la Corporación. «Es su cuartel general. Fíjate en el orden del día enmarcado a la derecha de la puerta», insistió Raquel cuando le comuniqué la entrevista concertada con el alcalde. «Se la concedieron por su colaboración en la lucha contra el maquis». Y me hizo un rápido retrato de la primera autoridad de la villa: amo de casa pudiente con todo el tiempo del mundo para llevar el cargo y entregarse a su principal afición de recorrer los mojones que limitan sus fincas. Se le van los años en llevar al día el cobro de los bordales arrendados y vigilar el Libro de Abolengos, no le vayan a menear los catastrales en un descuido. Vive solo, con una criada más vieja que la escritura de su casa que guarda bajo siete llaves. Un perfil de señorito nada frecuente en la zona.

–Le está esperando –me invita a pasar el alguacil.

Penetro en la sala que obra como salón de plenos y despacho de alcaldía y respondo a su mecánico buenos días. Frente a un pequeño escritorio, destaca el «Otorgamiento de condecoración al valor por los servicios prestados a la Patria» extendido a nombre de Rodolfo Semberoiz Gorria, el mismo alcalde que carraspea impaciente, mientras hace un gesto desganado para que me siente, enfrente suya, en una silla de culo de anea. Junto al balcón, la bandera luce colores apagados. Ajada por el tiempo y las polillas se exhibe desmayada como el fervor de muchos franquistas, más vencidos por el tedio de prolongarse en el poder demasiados años que por el convencimiento de que los nuevos tiempos requieran soluciones también nuevas.

–Otros tiempos –enmarco las cejas señalando la concesión militar.

–Parecidos siempre. En todo caso, otros hombres; en eso sí hay diferencia.

–Cada generación vive su propia guerra.

No contesta y mirándome fijamente a los ojos reconduce el diálogo:

–Pensaba usted que trabajar en un pueblo iba a ser una experiencia laboral relajada, y mira por dónde se ha liado la cosa a la primera de cambio.

–Créame, no me hace la más mínima gracia todo este revuelo.

–O piensa que los demás nos reímos a carcajadas –responde seco y áspero, pretendiendo ser severo.

–Imagino que la situación es incómoda para todos.

–Más para quien tomó la resolución de contratarlo, es decir, yo –se remueve en el sillón.

–Se está exagerando. Es un conflicto, por llamarlo de algún modo, absolutamente artificial.

–Dígaselo a don Salvador.

–Salvo en confesión se lo he hecho saber de muchas maneras.

–Pues tal vez la del confesionario fuera la única forma de ganar su absolución –se muestra un punto relajado.

–Quien tenga pecado lo declare. No es mi caso.

–No tientes al de arriba que alguna culpa llevarás también tú.

No interpreto su tuteo como una prueba de confianza. La tomo, más bien, como una primera exploración para establecer una relación de poder, de escala dominante.

–No tengo conciencia de ello.

–Eso es peor, creerse inocente siendo responsable directo del bochinche –dictamina fastidioso.

Raquel aguarda ansiosa mi regreso. Llevo dos semanas instalado en la casa del maestro, un privilegio inmobiliario que incentiva la adaptación del profesorado en su itinerancia anual. Raquel ha puesto algo de orden en la desolación del piso, inhóspito como un pabellón psiquiátrico abandonado. Es difícil moverse sin tropezar con las cajas de cartón que contienen libros y discos que he traído de Pamplona (Bob Dylan, Leonard Cohen o Jethro Thull comparten espacio con el rock sinfónico de Pink Floyd, los discos de Brassens o Atahualpa Yupanqui). El cenicero rebosa colillas de un tiempo consumido en predecir lo que estaba ocurriendo en la Casa de la Villa. Se levanta, y seguido vuelve a sentarse para recomenzar el recorrido.

–Para, mujer. Ni que estuvieras haciendo ejercicios de gimnasia doméstica. Ya sabes, «¡Mantenga su cuerpo en forma mientras barre. No olvide trabajar las cervicales a la vez que plancha. Moldee sus nalgas fregando el suelo!».

No le ve la gracia publicitaria y sigue jugueteando con los flecos de su poncho peruano. Se hace perfectamente la composición de lugar y, aunque no necesite explicaciones, me asalta acelerada:

–Venga, suelta lo que sea, que me tienes en ascuas. ¿A que te ha dicho que hasta aquí has llegado?

–Por ahí va la cosa –asiento con un movimiento de cabeza.

–¿A que te ha sugerido ponerte a buenas con el cura, cediendo tú, claro?

–Cualquiera diría que el secretario te haya pasado el acta de la reunión.

–En definitiva, que te ha mandado a tomar por saco.

–A tomar por saco... de patatas, supongo.

–Más vale que no pierdas el humor que todo te va a hacer falta.

–¡Chisss! –un dedo sobre los labios la invita al silencio–. Seguro que Neruda escribió *Me gustas cuando callas* en una situación parecida a ésta –y la abrazo suavemente.

Raquel busca mi arrimo, calmando la ensordecedora agitación que borbotea en su cabeza. No sabe qué hacer con tanta palabra, si deletrear un poema de amor o redactar un escrito de apelación ante el «Gran Jurado Municipal». Abre los labios y los mueve en acariciante mutismo en torno a la yema de mis dedos. Debe pensar, «olvidemos todo lo que nos duele y nos hace vulnerables», pero calla, para que nada hiera ni derrote nuestra fragilidad.

–Oye, ¿qué hay del tema de la condecoración por su participación en la lucha contra el maquis? –me intereso de pronto.

–Has dicho que calle, y lo prefiero.

Sus palabras reptan por mi lóbulo dejando una huella tibia. Una aprendida senda húmeda de caracol recorre mi cuello. Cierro los ojos contabilizando esta sensación de agua sorbida sobre la piel. Desenredamos las mejores caricias, aquellas que aprendimos en nuestros encuentros anteriores. Desentumecida, erizada, desmoronada toda resistencia, la carne se dilata. El cuerpo se abre en una sonrisa de tajada de melón, dulce y pulposo, cuyas pepitas dan vueltas en mi boca. Cada caricia es una pregunta que se responde con otra pregunta, para que el diálogo del deseo no se agote. Nos interrogamos con lentitud de ortofonista. Pronunciamos un lenguaje elemental, una voz de siglos que viene de todos los amantes. Deletreamos cada rincón corporal en un pausado ejercicio de vocalización. Y al rato, nos prolongamos como puntos suspensivos en una pactada tregua que deja abierto el portillo del interrogante para un próximo ¿qué tal un poco más?

Al abrir los ojos, o al menos cuando parpadeo para ver qué resta del mundo que nos rodeaba, la noche ciega la ventana y las brasas de la pequeña estufa ponen un azogue cálido en la pared. El poncho apenas cubre la desnudez agitada de los vientres, fundidos todavía en un abrazo maniatado y sudoroso. Rozo de puntillas un terreno de surcos recién labrados. Los cuerpos son posos de café que el amor ha azucarado. Encogida en su propio regazo, se remueve, adormilada como un cachorro saciado. Sondeo una a una las vértebras de su columna, un paisaje de humana cordillera. Descubro sus huesos con la sorpresa emocionada del paleontólogo ante un fósil codiciado, muy lejos aún del día en que la rutina me haga ver un cuerpo privado de poesía, y explore su anatomía con el frío interés de un traumatólogo. Tras los visillos, la tarde se funde ajena a susurros apasionados o a requerimientos de alcaldes. Incorporándome para buscar la ropa, retomo la conversación en la misma frase que Raquel dejó sin respuesta, colgada en el aire.

–O sea que tenemos alcalde condecorado, todo un caballero militar.

–Bueno, bueno, no corras tanto, es una oscura historia nunca aclarada. ¿Sabes que él conducía la partida de guardia civiles que...?

–¿O cambió la boina por el tricornio?

–No era *picoleto*. Sólo orientaba a los guardias que interceptaron a un grupo de maquis, cuyo guía era su propio hermano. Y lo mataron.

–El azar juega malas pasadas.

–Mucha gente no creyó en el azar, lo vieron más bien como una emboscada.

–Es una historia con mucha carga literaria. Serían hermanos de leche, pero de mala leche. ¿Por qué iba a estar Rodolfo interesado en la muerte de su hermano?

–Tiburcio era el mayor, heredero de toda la finca, una enorme cantidad de pino y haya, uno de los bordales más lucidos del valle. Pero hubo de exiliarse en el 42, acusado de formar parte de una red dedicada a pasar gente que huía de la Francia ocupada por los nazis. Lo pillaron con un piloto inglés herido que habían transportado a hombros desde Larrañe e intentaban llevar a Pamplona en taxi. Entonces ya se sospechó de un chivatazo.

–Lo que dices es fuerte de narices.

–Repito la versión que da casi todo el mundo.

–El encontronazo de los dos grupos seguramente fue un hecho fortuito.

–Fortuitamente fatal. ¿No crees posible que Tiburcio, confiado en su hermano y buscando su colaboración, le hubiera informado del día y el lugar de paso?

–Es una suposición sin fundamento. ¿Dónde ocurrió?

–En Koixta, una zona fronteriza de Irati, hacia Ori.

–Pues a Rodolfo le salió redonda la jugada: heredó el bordal, fue condecorado y lo nombraron alcalde.

–Alcalde a perpetuidad. Lleva 25 años en el cargo.

–Tantos como Amadeo Marco.

–Son amigos. Le es más fiel que su perro.

Desde el barrio de Iribarnea va creciendo un barullo de metales. El grave tun-tun de los cencerros se propaga como un repiqueteo de martillos en la fragua. Kuartizos, Klaskos y eskilones rebotan en manos de los niños que apenas si pueden sostener las canablas de fresno o avellano de los que cuelgan. Los collarones todavía retienen endurecidos pelos de choto pegados a la madera. De cuando en vez, se acalla el estruendo y surge rumoroso el villancico, respetado en su versión oral y del que ni siquiera hemos corregido el euskerizado latín macarrónico del inicio que dice *Berrus karronatu ze* por *Verbum caro factum est*:

Berrus karronatu ze
Maria beti Birjine
Berrus karronatu ze
Maria Birginangatik.

Entre las músicas de Adviento rastreadas por Raquel en el cancionero de Azkue y los retazos recogidos por transmisión oral de los más ancianos tuvimos media docena de melodías para elegir. Finalmente, seleccionamos el de Ochagavía por ser el más vivo y completo. Además, había constancia de haberse cantado en fechas recientes en otros pueblos como Oronz, Ezcaroz y Esparza.

Gabon, gabon, gabean
oilarrak kantatu zuenean
Ama Semea maiteri zauden
bi beso sanduen artean.

El aliento se solidifica como las aleluyas de un cantar de ciego. Los niños zancadillean con el estrenado vascuence enredado en sus lenguas. Continúan de casa en casa, solicitando el aguinaldo a la etxekoandre: «¡Ay Marian!». Txaklas, rialeros, trukas de boca ancha, collarones de cuero, chinchas, piquetes y chincharcos rebuscados en arcones, cañones descolgados de las entradas ensordecen en alocado ritmo las estrechas callejas. Con badajos hechos de tocón de abeto golpean sartenes, cacerolas y pebres. Cobres, hierros y latones gruñen por igual en un tamborileo que tiene poco de campanilla de viático. La sorpresa nos la da Críspulo. Provisto de una dumba enorme, cincelada con dibujos geométricos, se suma a nuestra comparsa infantil.

–Ya es hora de meter un poco de ruido en este pueblo –dice por todo saludo.

–Por falta de esquila no será. ¿No tenías más grande?

–*Ardi txikia, beti axuri* –y se encoge en su espalda cargada de tiempo y pesares.

Marcelino nos ve pasar desde la entrada de casa. No disimula el disgusto por mi mudanza al piso del maestro. Su pesar no es económico, me cobraban una miseria. Lamenta no tenerme de compañía a las noches. No sentarse con los pies metidos en el horno de la cocina económica, charlando de lo divino y lo humano, mientras Ángeles plancha o zurce ropa, callada y atenta a cada una de nuestras palabras. Dionisio aparece providencial y, con el espíritu navideño más champañoso que de costumbre, me saluda al oído con un verso:

Vais cantando por las calles
y en vasco decís Gabon.
Cada uno os interpreta
con personal opinión.

El cura os acusará
de haber gritado copón
el alcalde de insultarle
que le llamabais cabrón
y yo como es Nochebuena
lo traduzco por capón.
zorionak eta gabon
y pal resto, ¡Hor konpon!

Apagan las luces en más de cuatro casas. La campaña insidiosa de las fuerzas vivas tiene sus seguidores que nos observan por el cristal de las cocinas, empañado en vapor de sopacanas y fuentes humeantes de orejones puestos a enfriar en la repisa exterior de la ventana. Los niños siguen adelante, ajenos al tira y afloja rencoroso de los adultos, y, con pisar de pájaro marino, quiebran el hielo de los charcos que derraman el agua aprisionada, un mercurio denso y acuático que se deshace como nieve fundida, como el encono de algunos corazones emponzoñados.

Etxe kontan bai ardo
guk etzakin zomana
dugundugun txorta bana
xakiteko zomana

Junto a la iglesia pasamos agrupados y en silencio. Don Salvador, transfigurado en un enloquecido organista de novela gótica, toca el himno por excelencia de las novenas navideñas, *Niño hermoso tus ojos bellos han cautivado el alma mía*, y lo hace para un templo de bancos vacíos y penumbras corporizadas. Ataca el teclado como si practicara un exorcismo contra el mal circundante, poniendo en la interpretación musical la fe de un ¡*Detente, bala*!, de un ¡*No pasarán*! El fuelle del órgano es un bajo continuo, un estertor de animal moribundo que sigue tosiendo su rencor al paso ligero de la ronda que se dirige a la plaza.

Sin diapasón, con ritmos quebrados, huyendo de cualquier tiranía métrica, repican gargantas y cencerros. Sin principios polifónicos, sin lugar para las armonías, en un compás que torna de lo jubiloso a lo grandilocuente, de lo desconcertante al primitivo batir de los metales, nos zambullimos en un experimento sonoro de acústica propia. Contagiados por el gozo de los niños, boiras y humos se aparean sobre los tejados preñando la noche de volátiles fantasmas blanquecinos, de ángeles familiares que nos sonríen.

Natibitate gabea
zerua iriki zuten.
Etxe kontako etxekoandrea
an sar baledi. Amen.

U*raren gainean osasuna eta bakea*! Suena la decimotercera campanada del carrillón insomne de la Nochevieja y, en la fría madrugada atragantada de malas uvas, un gallo desprovisto de rol social cacarea en gesto desprendido. Bocinas musicales ponen un grito de pájaro nocturno sobresaltado. El calendario se precipita murallas del Redín abajo dejando un rastro de confetis manando por las abiertas heridas. Al año viejo le acompaña un duelo de coronas mortuorias hechas con serpentinas, trompetas de cartón y matasuegras que maldita la gracia. En el bolsillo del comando se deshoja la despuntada flor de azalea que Raquel me ha enviado. Abrazo el aire por ocupar el espacio que deja su ausencia; y el aire, ligero de cascos por la permisividad de la noche, se deja abrazar sin protestas.

Urteak zenbat egun du
Sorak hainbat zinta du
erdiak ditu Probidearenak
beste erdiak Urtik *emanak.*

Segundas Partes

que nunca fueron buenas

En la soledad habitan las obsesiones. La soledad no acompaña siquiera a los poetas, es un extravío del sentimiento, un señuelo de afectos que nos hace vivir enmudecidos atisbando la sombra de los demás. Tanteamos el aire, nos buscamos para recomponer nuestra memoria antes de que el olvido o la indiferencia nos haga añicos. En el anonimato multitudinario recreamos la relación saprofita del hongo y el musgo, la hormiga y el pulgón. Necesitamos complementarnos, fusionar nuestros vacíos para sobrevivir al envite exterior, a la orfandad anímica. Nos unimos con enlace de mozos viejos emparejados en el resignado ocaso de los sesenta. ¡Nada somos sin los otros! Y los niños, que parecen tan sociables, crecen fingiéndose alegres en su propia soledad. Descubren perplejos que los muñecos de peluche les asaltan en sueños, que deben pelear por un juguete que el resto quiere, que bajo la cama habita agazapado el más allá, que el mundo que les contaron a su medida en realidad es siempre de una talla mayor.

A lo largo de estos meses, los grupos de clase se han delimitado con la meticulosidad que se ordena el bosque. Para el ojo de los celadores forestales, que todo lo cubican con medidas dasocráticas, Irati es una sección con cuarteles, tramos y rodales, donde cada uno de sus 800.000 árboles se estructura y censa con sus iguales. El árbol crece individualista, pero sabiéndose parte de un colectivo que lo engloba y ampara. La escuela también es un bosquete donde los niños se observan, se desechan o atraen en una selección natural. La escuela es una espesura donde los caracteres introvertidos y los espíritus sensibles sufren y se venden a cambio del refugio afectivo del grupo, de su incuestionada fidelidad, de una complicidad sustentada en la marginación de los que no son los nuestros. Aprenden rápido de los mayores y legislan su propio código de conducta. Han cercado el territorio bautizándose con evocación de clan indígena: seremos Sagutxus, Corzos, Sugandiles. Eso en la escuela; puertas afuera, su bautizo callejero tiene otro remango, otra dureza: son Mano Negra, Hechiceros Pirómanos, Águilas Plateadas... Tras el nombre de cada grupo renace el ritual de hermandad oculta, el pacto de camaradería, la lealtad a la amistad jurada, el con nosotros o contra nosotros. «Ya no te ajunto. No eres nuestro amigo», es la condena al ostracismo social, la sentencia a un futuro de apestado. Los niños se asocian con vínculos a prueba de traición y sellan la nueva alianza entremezclando unas gotas de sangre. Lo vieron en una película de indios y les impresionó mucho. Prometen solemnes, «Por éstas –dicen besando los dedos en forma de cruz–, por éstas que siempre defenderé al grupo y el grupo me defenderá a mí». Mean y escupen en tierra y, venciendo la repugnancia, se tiznan brazos y cara con la mezcla. ¡Joder, cómo apesta!

Se inician con picadura de tabacalera local, ramas de gastigarro capaces de colocar a un legionario de Melilla. Les ha llegado el momento de liar un primer cigarro que pasa de mano en mano entre toses e irritación de ojos. «¡Calla, so nena, y como digas algo en casa, ya verás!». Tragan el humo con ansia de comerse el mundo. Al final, tras apurar la colilla, sólo les resta un picor amargo en la lengua y el mareo de los murciélagos obligados a fumar en el brutal alboroto de un espectáculo infantil.

En la pared del fondo, seis cartulinas encabezadas por el nombre y el símbolo de cada grupo presiden el aula. Los chavales buscan la protección del tótem e invocan al espíritu guardián con pequeñas ofrendas propiciatorias: dibujos sujetos con chinchetas. En su inconsciente despierta el animal encarnado de las *mutildantzas* baztanesas, vago eco del antiguo clan pirenaico de los pájaros: Xoxuarena, Xoriarena, Bilugarruarena... Bailan ellos también los primeros pasos de una coreografía mágica que, sacándolos del nido familiar, los inicie en el mundo de la convivencia adulta.

Y donde todo es fratria, gens, grupismo, peña y sociedad de amigos; donde todo es arraigo de cuadrilla y cofradía laica, las individualidades concitan sospecha, fama de bicho raro, sambenito de insoportable. Críspulo sobrelleva su adversa reputación con la resignación consciente de habérsela ganado a pulso, con la conformidad de un asumido pecado original. Permanece en pie, sobre el entarimado, sin acertar a sentarse. «Es que yo así, tieso, me canso menos», da a entender. Los niños observan intrigados, a un paso del escarnio, la dislocada figura que la espontánea crueldad infantil tantas veces señala con cantinela burlona:

¡*Cheposo, cacho cojo,*
fuera abarcas
y ponte a remojo!

Sobre el fondo zodiacal del mapa celeste que cuelga a su espalda, Críspulo compone una burla irónica, un horóscopo mal descifrado, un reto a la fortuna, la salud y el amor que el cielo le ha negado, mientras parece derramarlo a manos llenas en la buenaventura astrológica de los creyentes ingenuos. Pero él se sentiría una supernova o una estrella enana si hubiera sabido que existían astros que, apagados hace millones de años, siguen brillando con luz prestada, con el centelleo extinguido de un pasado lejanísimo. Él también es un punto de luz que viene del más... ayer. No es siquiera una estrella fugaz, todo lo más, polvo cósmico. Prototipo de quien no sienta cabeza, culoinquieto laboral y abonado al trago solitario en la taberna. Es el recurso fácil de los padres para estimular la motivación de sus hijos, «Esfuérzate o acabarás como Críspulo». En el silencio expectante percibo la pregunta que se hace mentalmente: «Críspulo, ¿qué haces en la escuela? Coge la puerta y que le zurzan a este maestro y a toda la banda de niños cabroncetes que se pasan la vida jodiéndote con sus burlas».

En Argondoa tenemos una escuela activa con la que Piaget y la Pedagogía moderna estarían encantados (¡je, je!). Hemos visitado la sucursal de la Caja de Ahorros para hablar de préstamos, intereses, réditos y tantos por cientos. Ramón, el albañil que no da abasto a tanta prisa por remendar viviendas, nos ha explicado las razones de la construcción de las casas pirenaicas, el costoso trabajo del empedrado de las calles, el firme equilibrio de los tejados armados en una filigrana de madera. Otro día, fuimos al taller de reparaciones. Entre «ten cuidado con eso, no toques aquello», José Antonio discurseó acerca del émbolo y las bujías, el motor de explosión y la dinamo, ilustrado todo con un viejo motor que prometió armarnos como primera aportación al taller de pretecnología. Se sintió un mecenas.

«Ésos eran mecánicos, albañiles, tenían oficio o yo que sé....», se excusa un Críspulo asustado. Andarín, hosco en el trato, vive aislado, ajeno a vecindades, tacaño hasta en el buenos días. Soltero empedernido, pero probado en el puterío, no deja pasar el mes sin ir a la capital a «cortarse el pelo» en buena compañía. Trabaja a jornal en lo que salga: la recolección de la patata, de maniobrero en las obras, de ayudante de topógrafo en las nuevas pistas que enlazan los bordales o en las duras peonadas de la repoblación de pinos. En su tiempo, sale a la búsqueda de las primeras setas, las truchas y cangrejos; y en julio, husmea las fresas encendidas de sol que por Sanfermines se cotizan a buen precio en los restaurantes de postín.

Mal rasurado, y peor vestido, la nariz le anuncia de antemano como una tarjeta de visita; ahí viene Críspulo, y sólo ha asomado la punta de su napia por la esquina. Luce dientes teclados con simetría de piano desvencijado. Fardel, zanquilargo y el aire un poco modorro, le aflora el entrecano pelo mocho por la boina que ya de tan habituada a vivir en su cabeza nadie duda no sea injerto natural. Él mismo se considera un zacarro. Hoy, sin embargo, está impecable, con atuendo desacostumbrado: uñas cortadas, pantalón azul vergara nuevo y camisa limpia, aunque desplanchada. Para colmo, el detalle de unos zapatos con el brillo opaco de no haber conocido más lustre que el escupitajo. ¡Todo un esfuerzo de coquetería hecho para nosotros! Se lo agradezco con tanto mimo puesto en mis ojos que enrojecería si el viejo sospechara el arrullo con que lo envuelvo.

En un principio va a trompicones, busca la expresión imposible por no haberla empleado nunca. Tanto más feliz y acertado es su discurso cuanto más espontáneo y campechano fluye. Las suspicacias de los niños, sus maliciosos gestos del principio se tornan asombro y sonrisa franca. El embeleso suspendido, la atención contagiada mientras habla de aquellas nevadas que los tenía un mes sin luz ni agua y el *meao* se helaba en el orinal de la mesilla. «Ahí os querría ver yo, metidos en la cama con dos pantalones y doble calcetín de lana. El hielo se volvía negro de puro viejo y, en las umbrías y belenas de las casas, fácil que durara varios meses sin deshacerse. Teníamos que fabricar unos peines de madera, raquetas para andar en la nieve, y paseábamos descalzos por ella, pues decían que era buena para los sabañones».

Explica cómo diferenciar las huellas del corzo y del ciervo, y una aventura de lobos en Irati, ¿o fue ahí mismo, en Osate, que significa puerta de lobos? A los perros mastines había que colocarles karranklas, collares de clavos para que el lobo no les destrozara el cuello. Y muestra uno para admiración de los chavales. Y también hubo osos. ¿Pero eso te pasó a ti?, le preguntan ansiosos. Y en la ambigua respuesta de ocurrió justamente en un campo cerca de Akullu, entienden que Críspulo fue el protagonista de aquella visita del oso en los años treinta. «Y si buscarais con cuidado todavía podríais encontrar marcas de garra en el tronco de unas hayas en el campo de Alorrandia». Dos o tres chavales se hacen señas de complicidad para ir mañana mismo tras las huellas del mítico animal. «¿Y sabéis otra cosa? Quien no haya oído un coro de ranas croando a la luna en las charcas ocultas en que desovan, quien no haya presenciado sus largas migraciones, miles de ranas moviéndose como un río carnoso, húmedo y brillante, nada sabe del poder del bosque para transformar a sus habitantes. El bosque lo es todo, también el único testigo de las peleas de ciervos en las berreas otoñales. El bosque es el último cobijo de animales y hombres acorralados».

No hay duda, su charla interesa más que mis clases, no mueven un pelo, no se oye una voz más alta que otra. Empapa sus historias en un halo de leyenda, como fabulación de un tiempo perdido que sólo él conociera: «¿Y qué sabéis de los poderes curativos de las hierbas? Ahora hay jarabes, inyecciones, supositorios (risas y muecas ilustrativas). ¿Que te salía un grano o un divieso? Pues sain de cerdo o minbelar. Y los flemones con sahumerio de zamuka. Para la tensión, infusiones de bizko, o muérdago de manzano mejor que de gorrillón, y así para casi todo. Eso era antes, cuando no había farmacia ni centros de salud. Luego resultaba que nos moríamos de un catarro, de un cólico miserere, o sea, que si te descuidas serían más mala hierba que otra cosa, pero eso era lo que teníamos. También fui almadiero hasta que represaron Yesa y las aguas dejaron de correr libres. Hice contrabando de puntillas, loza fina, vajillas, café... y pasaba caballerías con los cascos envueltos en tela de saco para amortiguar el ruido».

Canta estribillos de su infancia cuando bajaba a la Ribera con los pastores, de rapatán, de chavalín para los recados: *Ya ha llegado San Miguel/ pastores a la Bardena/ a beber agua de balsa/ a dormir a la serena*. Tras la jota, se extiende sobre las oskas que hacían en las orejas del ganado para distinguir la propiedad de los rebaños. Cada casa tenía su propia marca, una hendidura que cercenaba la piel de la oveja como una colección de tatuajes tribales. A cada casa su marca, a cada marca su nombre: *arraka, xoa, punta motz, forkaka, furketa*... «Tú, Tomás, el de Añubri, acércate que te voy a hacer en la oreja la marca del rebaño de tu casa. Ya verás tu padre qué sorpresa». Y ante la navaja cabritera que ha puesto sobre la mesa, Tomás el de Añubri, a pesar de las risas de los compañeros, no sabe si la cosa va en serio o va de broma. Por si acaso ni se mueve del pupitre.

Habla del pan y del gaztaberatz hechos en casa, un queso para untar que olía a demonios. Y recita unas oraciones en vascuence, recordando las visitas de doña Paz Ciganda, que estaba emparentada en Salazar, y les abría una cartilla de ahorro con un duro (¡pero un duro de los de antes, eh!) sólo por responder a sus preguntas en euskara. «Es el único provecho que me ha dado el rezar. Ahora el que va a misa tiene que poner dinero en el platillo». Esto último lo he adivinado en un relámpago de su mirada, que ha aplacado al instante, consciente de su público.

Absortos, sin muestra de cansancio, los mocetes vuelven a la realidad con la voz de la señora Perfecta reclamando a Inacho. Es que ya son las seis de la tarde y como debe llevar unos sacos de pienso pues que lo estaba esperando desde las cinco y que no venía que no venía, pero perdone usted, que si es cosa de clase, el chico se queda y no se hable más, que ya los llevaré yo misma. «No faltaría otra, Perfecta, hasta ahí podíamos llegar, tener que andar de recadera; si es por eso, yo mismo los acerco en un santiamén», tercia Críspulo. «¡Inacho, mueve!», apremio al mocete y pongo punto final a un día especial de escuela. Se despide Críspulo diciendo algo de limpiar la huerta, y se va, dejando la palabra flotando por el aula como una medusa, lenta y trasparente. Doña Perfecta, y las vecinas que la acompañan, olvidada la prisa por los niños que se desbocan en un griterío liberador, siguen el caminar de Críspulo dándose codazos con sorna indisimulada. Ya tienen tema para aldraguear un rato.

San Tirso dago negarrez
gizon arrotz beharrez
kapellan jaunak erran omen du
aserik dagola arrotzez

El forastero de pelo pajizo desafió la curiosidad del pueblo paseando arriba y abajo sin decir esta boca es mía. «¡Vaya educación, podía contestar a los saludos!», fue el comentario general. El desconocido, de unos treinta años y rostro de vaga fisonomía familiar, se dejó ver con insistencia y sostuvo la mirada de los mayores, los únicos a quienes prestaba cierto interés, como si buscara en aquella galería de retratos la confirmación de una certeza. Nadie pudo dar razón de su llegada: si había sido en La Salacenca, en el *jeep* del correo o ve tú a saber por qué caminos de Dios. Los niños que jugaban a pelota le vieron comer un bocadillo apañado en la carnicería y confirmaron que tenía marcado acento extranjero. Allí, recostado en la pared del frontón, habló con Raquel que se lo trajo a mi casa con la hospitalidad despreocupada de un fortuito encuentro en una noche de jarana.

–Soy Liberto –ciertamente arrastra las erres de un indisimulado deje francés.

–Un nombre fácil de retener –digo al tiempo de tenderle la mano.

–Pues escucha los apellidos y seguro que no lo olvidas

en tu vida –Raquel se tira literalmente en el viejo sofá de la cocina, sosteniendo contra su pecho un pequeño álbum de fotografías.

–Liberto Semberoiz Deschamps Gorria –el segundo apellido, francés, lo ha pronunciado con descuido.

–¡Coño, el...!

–El mismo que viste y calza, sobrino de nuestro querido *padrino*, el alcalde –completa Raquel la biografía.

–Sí, soy hijo de Tiburcio, el hermano mayor de Rodolfo. Murió en la guerra.

–En el maquis –corrijo.

–Grande o pequeña una guerra es una guerra –y deja zanjada cualquier duda sobre precisiones históricas.

Que si nació en Burdeos de madre francesa, que el recuerdo de su padre sólo era una cara más en la fotografía de grupo con sus compañeros de militancia, que no era del PNV, a pesar de colaborar en la red de pasos clandestinos de frontera, que tampoco fue anarquista, aunque hubiera registrado a su hijo con el nombre de Liberto, un gesto más de rebeldía. Lo cuenta de corrido, casi sin pausas para respirar. A nadie le gusta resumirse en una charla de cinco minutos.

–También tengo esto otro.

En la foto que nos tiende, un retrato antiguo en sepias y marrones, reconozco los ojos achicados de Rodolfo, sentado en una silla de alto respaldo en la que Tiburcio se apoya con el no saber estar de un adolescente en traje de domingo. Un retrato de estudio. Los dos hermanos miran fijamente más allá de la cámara, pensativos, preguntándose si ese aparato, capaz de detener el presente, no contendrá también el futuro en negativo. Un futuro sin revelar todavía, pero dispuesto a asomarse al objetivo como el pajarito que de un momento a otro saldrá del interior, según predice el fotógrafo ambulante.

–Está sacada en el salón de Alkatekoa. ¿No ves, difuminado al fondo, el tapiz? Hay otras muchas fotos de ese mismo día. Medio pueblo desfiló para inmortalizarse. Mis padres también tienen la suya –dice Raquel abriendo su álbum.

–Tienes el mismo pelo claro que tu padre y Rodolfo –algo me impide llamarlo tío y emparentar con palabras una sangre común.

–Por cierto, debo telefonear a mi madre, a estas horas estará en casa. En Francia llevamos otros horarios –se apresura Liberto, lanzando un rápido vistazo al despertador.

–No te fíes. El reloj se paró cuando San Virila se extasió con el pájaro de Leire.

Responde a la cita incomprensible con una sonrisa de cumplido y va a la calle, camino del teléfono público. Raquel se lanza a un diálogo inmediato que me hace sospechar de la repentina espantada del francés.

–Podría quedarse unos días en tu casa, hay sitio de sobra.

–También para ti.

–Si se queda él no hay otra cama, lo siento.

–Cabes en la mía.

–A lo mejor prefiero el otro colchón. Parece más blando.

–¿Tan joven y preocupada por tu espalda?

–Siento su venida como una corazonada.

–¿De qué tipo? ¿Te ha hecho tilín el corazoncito o sólo es un problema técnico del marcapasos?

–No sabría decirlo, es una inquietud –arrastra la mochila del visitante al dormitorio inutilizado–. Ven, ayúdame a adecentar este cuarto.

–Antes de preparar la cama para él podríamos deshacerla nosotros.

–¡Venga ya! –y me planta unas sábanas limpias en la mano, traídas de su casa.

La fiesta de quintos es una esperanza en el duro calendario del primer mes del año, un pequeño oasis señalizado como un espejismo. El acordeón y la pachanga juvenil constituyen la escasa receta con que combatir la mustia quietud de una invernada interminable. ¡Y todavía falta la Cuaresma! Este año son siete quintos, cuatro chicos y tres chicas. El tiempo es criminal y las escarchas vaguean tozudas hasta el mediodía. A toque de ángelus, el rocío destapa las campas y acurruca sus heladas canas en oquedades y vaguadas. ¿Frío? No hay joven que le haga ascos a una fiesta de quintos así caigan chuzos de cabeza. Casa a casa, ha ido creciendo la colación. De recias varas de boj, las mismas que en las huertas guían el crecimiento de las alubias verdes, cuelgan las cestas con huevos y txistorras. En el almacén de patatas, apenas queda espacio para improvisar la mesa de la merienda.

–Si hay cachondeo es para todos. Yo no vine el año que me correspondía y no me lo perdonaré nunca –nos pone en cantareta Raquel.

–Por mí encantado, en Francia no se celebra –se apunta rápido Liberto.

–Pues que sea lo que Dios quiera –doy la voz de ataque.

–Mejor que lo prefiera el diablo que en las juergas es más divertido que Dios –asegura Liberto con la experiencia de vivir en un país laico con dos siglos de separación Iglesia-Estado.

–Que sea quienquiera, pero esa noche a muerte. Los tres seremos quintos. ¡Necesito «cocerme»! –y lo grita Raquel de tal manera que parece una pintada asomada en las tapias de corral de muchos pueblos: ¡Vivan los quintos del setenta y cinco!

La madre de Raquel dijo que no era tiempo para cordero y Marcelino lo confirmó cuando le acompañamos al corral para seleccionar el más tiernico. «Quita hombre, ni comparación con un lechal de pasto». Se quedó en cordero y cordero vamos a cenar. Se ha pactado con la cocinera que no falte un ajoarriero, y con el asado encargado en la panadería hay para contentar a ocho o nueve bocas voraces. En el bar, tenemos instalada la mesa junto a la chimenea, con bebida suficiente para rodar una película sobre las destilerías clandestinas del Chicago de los años veinte.

–Os vais a poner buenos.

–¿Si gustan? Aquí hay para un regimiento.

–¿Gente joven y de miedo para dar vuelta al puchero? ¡Que no os oiga nadie!

–Cada uno un buen trozo y puntacoda al perolo. Limpio como la patena. –Nos da la receta un gastrónomo.

En las otras mesas siguen a lo suyo, partidas de encaje, mus a ocho reyes, algún tute. Monosílabos en las jugadas y bravuconería subestimada por los años de compartir naipe y tapete.

–Pares tengo.

–Como no sean mejor que los que te cuelgan.

–Envido a chiquita.

–Que la tienes pequeña ya me lo creo –ríen entre dientes la broma mil veces repetida.

Liberto no calla. Habla y habla achispado antes de tiempo por el Ricard y el ambiente del bar, que lo encuentra «auténtico». Aquí, el Ricard es moneda para intercambiar por requesón fresco a los pastores de Zuberoa, pero es un pastiche dulzón, más jarabe que bebida alcohólica, que no acaba de convencer a los chiquiteros, poco audaces en catar nuevos sabores. La conversación deriva entre risas y brindis continuos: Ahora por La Madelaine, y cantamos, A *La Madelaine le gusta mucho el vino, a La Madelaine le hemos tocado el culo*... Y ahora por Juana de Arco. ¡No! Era una sargentona. ¡Santa y militar, menuda mezcla! Venga, otro trago por la Torre Eiffel. ¿Y el Arco del Triunfo no se merece un homenaje? ¿Y los puentes de París? ¿Y la catedral de Lyon? Por mí que no quede. Yo por patriotismo me bebo el Patrimonio Nacional entero. Joder con los gabachos. El chauvinismo y la *grandeur de la France* les viene bien hasta para justificar un «ciego» de campeonato. En proporción inversa a la agilidad en levantar el vaso, Liberto vocaliza cada vez más torpemente. Pronuncia «esto es auténtico», con acento de turista en Benidorm metido a sociólogo de chiringuito playero.

–Por cierto, Liberto, ¿cómo hablas tan bien el castellano si tu madre es más francesa que el *camenbert*? –pregunto en el tiempo muerto que dejan los brindis.

–Un queso es lo que está hecho, un *caprice de dieux* –Raquel se le arrima melosa y lo besa con un derroche de intensidad que se me antoja excesivo para ser una amistad reciente.

–Oye, que a mí no me la das con queso –digo recurrente, pero bastante celoso para estar aún en los entremeses.

–Cojonian con *la vache qui rie*, menudo aguante tienes. Sólo estaba untando un poco de queso fundido –y para más *inri*, le da otro lametón en la mejilla.

Le largo una patada por debajo de la mesa y topo con la pierna de Liberto cruzada en las de ella. Un brindis por el cancán del Folies-Bergère viene providencial a poner aquí paz y allá gloria. ¡*Somos, somos las vedettes de los cabaretes de la capital, tachíntachíntachón*!

–¡Hostia! Con un poco menos de gritar ya os entenderíais también, ¿o qué?

Julio, el del bar, nos tranquiliza con un gesto. La traducción es poco más o menos, a ése ni caso y vosotros a lo vuestro. Liberto retoma la pregunta:

–Mantengo el castellano porque mi madre es del Partido y, desde la muerte de mi padre, se relacionó con los exiliados españoles, frecuenta sus sedes y comparte tareas de coordinación entre ambos partidos. Ella se empeñó en que acudiera a las actividades programadas para los hijos de emigrantes. Me he pasado los veranos en campamentos de niños pioneros de origen español. Lo hacía tanto por mantener las raíces con la tierra de mi padre como por homenaje personal a la guerra antifascista contra Franco.

–¿O sea que eres comunista?

–Trotskista más exactamente, de la LCR de Alain Krivine, de la IV Internacional.

–¡Como yo! –se alboroza Raquel restregándome su militancia por el morro.

–Desde mayo del 68 el trotskismo está en auge –asegura Liberto y ratifica Raquel con mucho énfasis.

–¡Qué sabrás tú del dichoso mayo ése! –Gruño en la cara de mi chica. ¿O ya no es mi chica?– Hace siete años lo único que te embelesaba era U*n rayo de luz* de Marisol. Yo, al menos, reconozco que de Francia sólo conocía las canciones de Adamo: ¡Y *mis manos en tu cintuuuraa, pero mírame con fulgooor...*! ¿Te acuerdas?

–¡Quita la zarpa! Lo de guatequero te creo. Con esa gracia tuya seguro que eras el encargado de poner los discos.

–Espero que no me deis el esquinazo montando una tendencia, una corriente independiente a las que tanta afición tenéis los *trotskos* –me adelanto previsor al reinicio de cualquier maniobra afectuosa entre ellos.

–Tenemos que hablar –Liberto a Raquel como si yo no existiera.

–¿De qué, de guisantes? –me he propuesto incordiarles todo lo posible.

–¿Qué dices tú de guisantes? –hay un matiz incómodo en la voz de Liberto.

–¿No es el jefe de la IV Internacional un tío que investiga las leyes de la herencia con guisantes? –yo a lo mío, creando el desconcierto.

–¿Quién, Mandel?

–Ese mismo.

–Estás bobo. Ése era Mendel. El nuestro es Mandel, Ernest Mandel –ha salido al quite Raquel con la devoción torera de un mozo de espadas hacia el maestro.

–Debieras darte una vuelta por Francia, podrías venir a mi casa una temporada –le insiste a Raquel el muy hijo de... los cien mil hijos de San Luis.

La madre que lo parió, pienso, pero ha debido ser un pensamiento de muchos decibelios porque tengo la sensación de ser observado por toda la clientela. Raquel, vuelta de su entusiasmo colegial, se interna en terreno menos conflictivo para mí:

–¿No es hora de visitar a tu tío?

–Cada cosa a su tiempo.

–¿Y en todos estos años no os habéis dado una vuelta por aquí?

–No hemos mantenido contacto con la familia de mi padre.

–Eran tiempos complicados para hacer turismo familiar –corroboro.

–Hay algo más –añade misterioso Liberto.

–¿...?

Como si una campana de cristal nos hubiera aislado del resto del bar, permanecemos en un silencio tenso, embarazoso y expectante. Intercambio con Raquel un cruce de mirada imperceptible. Liberto desgrana una historia sin disimular su propia perplejidad. Una duda lacerante, peor que la más dura verdad.

–Hace varios años, mi madre acompañó a un activista del Partido Comunista Español a Mauleón, muy cerca de la frontera. Venían a impartir un curso de formación a militantes del interior. Era verano, y por las noches la conversación se prolongaba en el frescor de las terrazas. En la zona de Mauleón viven algunos republicanos huidos del valle de Roncal. Varios de ellos mantenían contacto con el Partido y acudían a las charlas.

–Desde mucho antes de la guerra había estrechas relaciones entre las dos partes. En los inviernos había costumbre de ir a trabajar a las fábricas de alpargatas de Iparralde, o sea, vasco-francesas –aclara Raquel–. Las mujeres de Salazar también lo hacían –Liberto tintinea con el vaso vacío sin ademán de llenarlo. Su tono de voz es muy diferente al de los brindis iniciales.

–Podéis imaginar esas conversaciones informales de mi madre con los españoles cursillistas: ¿De dónde eres? ¡Qué casualidad! Mi compañero era de esa zona, de Argondoa. ¿Quién? ¿Tiburcio Semberoiz? Sí, sí, lo tengo oído. El Roixco le decían, por el color del pelo. No, no, yo no lo conocí, pero algo se habló de la escaramuza en que lo mataron. Ya sabes, que si su hermano lo traicionó, que si fue una emboscada... ¿Cómo que no tienes ni idea? Pues aquí se corrió ese cuento. Cojones, vaya situación embarazosa. Yo tampoco sé muchos más detalles, pero si te interesa podría...

La foto de los dos hermanos aparece sobre la mesa con la súbita sorpresa de un juego de manos. Malditas fotografías que no permiten olvidar el dolor, que te llevan a un tiempo que se resiste a desaparecer. Malditas fotografías con su turbia historia en blanco y negro, con biografías escritas en el incierto claroscuro de luz y sombra. Esos ojos que interrogan mudos, sellados para la eternidad, pero que vocean: «Lo sé todo». Liberto frota la superficie del retrato salpicado de migas, y lo restriega con la fe de un vidente convocando la palabra del espíritu que siente en torno suyo.

–No necesito más. Estos días he confirmado lo suficiente para reconstruir lo ocurrido. La foto era la instantánea de algo previsible, una declaración de culpabilidad.

–¿Culpabilidad? ¿Quién es culpable de la muerte de tu padre? No puedes dejarte llevar por sospechas y vagos rumores –exclamo alarmado.

–Hablando de vagos, aquí llega uno.

Críspulo, el solitario, el arisco, se sienta con toda naturalidad y, autoinvitándose, toma de la bandeja un buen trozo de asado.

–Estará helado –le prevenimos.

–Para heladas mis tripas. Hace un frío de la leche. Hiela a todo meter.

No sé quién le ha dado vela en este entierro, pero percibo una corriente de simpatía entre Liberto y él. Los he visto juntos. Nunca he tenido la más mínima habilidad para reconstruir puzzles. Los niños de parvulario son bastante más eficaces encajando rompecabezas, pero en esta ocasión hay un paisaje que se perfila con claridad. Distingo en la bruma de un amanecer de hace treinta años, un decorado, unos actores y un coro de tragedia griega que declama: «Caín, ¿sabes dónde está tu hermano Abel?», «Señor, ¿acaso soy yo el guardián de mi hermano?» El alcohol trasegado bambolea en mi cabeza como en una tormenta la carga en la bodega de un barco. Se me va el pensamiento al origen del crimen. De algo tienen que servirme los estudios teológicos. Don Salvador estaría orgulloso si me oyera citar con tanta exactitud el libro del Génesis.

–A lo peor ya estaba escrito desde el principio, como en un texto bíblico. No tenían posibilidad de eludir su destino. Todo estaba predestinado –reflexiono en voz alta.

–Es lo que me pasa a mí –comenta Críspulo–. Yo también estaba «presdestigiao» desde pequeño.

–Predestinao, Críspulo, predestinao.

–¡Quita, hombre! Yo sé lo que me digo, «presdestigiao». Lo mío era un destino de prestidigitador –y deletrea las palabras escupiendo trozos de asado, como si de un mago se tratara sacando de la boca la interminable rastra de pañuelos de colores.

–Pues no caigo.

–Estaba «presdestigiao» incluso por el nombre. El que me apadrinó algo tendría con mis padres y se vengó conmigo. Me marcó de por vida: Críspulo. Si el propio nombre lo dice, Críspulo, que te den por...

–¡Ahí!

–Muy fino lo tuyo, Raquel.

La entrada de los quintos, empujando un pequeño remolque con el acordeonista encima, ha dado con el resto de las bandejas de asado en recena improvisada. Los jóvenes tienen tendencia a tomarse las cosas al pie de la letra, les falta abstracción para hablar en metáfora. Si el acordeonista toca *La escalera donde está, dónde está la escalera*, ni cortos ni perezosos se ferian la escalera del alumbrado público y se marcan un tango bien arrimaditos a los travesaños. Captamos rápido de qué van, y cuando el programa anuncia aquello de estimado público, vamos a complacer una petición especial, ¡*El casatchof*!, no nos pilla de sorpresa porque estamos mentalizados a lo que nos echen. Para no ser del río Don, estos cosacos de Salazar tienen un don especial para el zapateado vigoroso encima de las mesas. No hay otro remedio que levantarse y sumarse a la danza de buen grado (graduación tenemos en abundancia, todo hay que decirlo). A estas alturas del espectáculo, la clientela precavida se ha retirado al fondo a la derecha, dirección típica para no perderse, y no entran al trapo del jolgorio ni al oír: ¡*Si Adelita se fuera con otro, si Adelita no fuera mi mujeeer*!, que es una pieza del repertorio bien recibida siempre por la gente de edad que, replegada al fondo del local, todavía se enzarza sobre los puntos y amarrecos de la partida interrumpida. Liberto, una cazuela por corona, chorrea ajoarriero como un cuerno de la abundancia, mientras uno de los más barullas, exhibiendo la bula eximente en su día de fiesta, golpea con los cubiertos tan original batería. «Esto es auténtico», se extasía el majadero de Liberto con un eco metálico en la voz. Es forastero y no comprende que, esta noche de perros, puede acabar en el asca como les ocurrió a los Pop Tops en las piscinas de Larraina por marcar paquete y desviar la atención visual de las chicas pamplonesas. Sé que me estoy portando duro con el chaval, pero está hecho un musgo con Raquel.

Las jotas y las rancheras provocan una hinchazón de venas que haría las delicias de Drácula si se atreviera a hincar el diente en el torrente alcohólico de estas yugulares levemente sanguíneas. El conde vampiro es abstemio. Que se sepa, lo suyo es la sangre, y no de Cristo precisamente. Tambaleantes, con ese bailado equilibrio de comparsa de gigantes, el acordeonista de la *Burrialta* (tiempo me llevó descifrar que el topónimo correcto era Abaurrea Alta) valsea el compás del *Voló, voló, Carrero voló*, y vuelan los gorros todo terreno, que sirven igual en tendido de sol, las eras de trillar o en los carnavales de invierno. Y el que más grita es un tal Luis Mari, cuyo hermano, que trabaja en Imenasa, pasó unos días malos en comisaría cuando el secuestro de Huarte. «Alguna culpa tendrá», dijeron los maliciosos. Los padres lo sobrellevaron cabizbajos como si fuera una hija preñada a destiempo, un bochorno culpabilizante que les retuvo en casa cual luto interminable.

Salimos a la calle desentumeciendo brazos y pantorras, bailando la jota a lo navarro, un goce propio y egoísta, de paso comedido, y no al importado estilo exhibicionista de Guipúzcoa, todo bordaduras de alarde. El chun-chún de las charangas se baila en Navarra de continuo, sin pausas ni acelerandos que te dejan para el arrastre en un par de *karrikadanzas*. Levantas la pierna, y uno y dos y tres, y el secreto del cuarto paso, el del descanso que suprime la tensión acumulada. Así, incluso yo aguanto una andada como ésta.

Porque a mí, todo hay que decirlo, me falta motivación para la cosa nocturna. Soy más bien flojo, un tanto desansiao para la andada. No tengo noches de Bearin y no sé comportarme en la plaza Roja de San Juan, ni en el Zagit. Que no me pregunte nadie por *Pamplona la nuit* porque lo mando a la otra punta, como hacen en la *city* los amables ingleses a los latinos despistados. Si no tienes ritmo ensimismado, ni gusto por cubatas y combinados te aburres pronto. ¿Qué haces sobrio en la quebrada moral de madrugada? ¿Cómo te lo montas en esas horas del susurro a la oreja si vas más espabilado que un tratante de ganado? Cuando todo el mundo juguetea a las insinuaciones esperando que lo conduzcan a buen lecho, yo miro hacia otra parte, sin estar atento a la jugada. Sin unos *gin-tonic* de más es imposible sellar vaporosas amistades, ejercer de comprensivo psiquiatra aguardentoso. ¿Qué le voy a hacer si no tengo interés en transgredir el reloj de Cenicienta? En las noches de insomnio voluntario cabeceo como un empleado de Consigna el último día de Sanfermines. Para eso no salgas, me digo.

–Hasta doce músicos tuvo este pueblo –Críspulo nos deleita con historiografía local–. De todo, eh, no te vayas a creer: clarinetes, fiscornos, requintos... Pepe Estabolite acudía con su bajo de refuerzo, incluso Iturralde, sí, el famoso saxofonista, fondeaba por fiestas en casa Burusko. ¡Sí que son un poco sinsorgas estas bandas de ahora!

–¿Te parece? Pues cualquiera lo diría con el temple que llevas.

Liberto baila la jota con la gracia y donaire de un miembro de los Coros y Danzas de Ventosillo del Guadalhorce. Gracias a la visión trascendental de Franco, fusionador de los hombres y tierras de España en un compartido destino folclórico, los grupos de Educación y Descanso de cualquier rincón de la piel de toro lo mismo se marcan, con racial arrebato y sano costumbrismo, una sardana por soleares que un aurresku con castañuelas. Liberto cierra los ojos para concentrarse mejor en ese ambiente «auténtico». Y yo me descojono, imaginando a este marxista revolucionario, un Primero de Mayo en el césped del Bernabéu, en pleno trance de exhibición sindical ante su Excelencia el Jefe del Estado.

Yo puedo responder de lo que hago y digo. ¿Que le rondan al cura cantándole, «¡Apeza, asomar cabeza, ponerte teja, que te doy en oreja!». Pues a mí que me registren. No soy yo el que grita, «¡Abajo el Papa y gloria eterna a la Revolución Bolchevique!». Con la lengua pastosa que tengo sería una temeridad lingüística intentar siquiera el trabalenguas. Y otra cosa, lo de «¡Viva Stalin!», ni en broma, ni siquiera por incordiar a este par de trotskistas. Por cierto, siguen medio tonteando. Pedo o no –no voy a negar que algo de alcohol he ingerido–, no les quito ojo. Por no aguar la fiesta –ni los cubalibres– me digo que su camaradería será cosa del internacionalismo proletario. ¡A ver!

Las fallebas de los ventanillos sin cerrar filtran la mañana vistiendo de presidiario las paredes del dormitorio. Desde el gusanillo del visillo, patina en rapel luminoso el destemplado sol de enero. Despierto reseco y con acordes de fanfarria resonando en la cabeza. A duras penas logro traer a la memoria faroles de auroro y a Raquel bailando, como una modistilla parisina, con un gracioso sombrero de terciopelo color burdeos. ¿Modistilla parisina? Se me podía haber ocurrido otra ciudad que no fuera francesa. Por falta de modistillas y ciudades en el mundo no será. ¿Logré besar el azúcar glacé de sus mejillas? Sólo recuerdo que los charcos eran papel de aluminio helado y que estuvimos faranduleando hasta las tantas. ¿Qué hizo por fin el gabacho de los huevos? Ni idea dónde se metió. ¡Que le den *paté de fois*! A él y, de paso, al Manu. Otro que tal.

–¡Las once, jodo, la escuela!

Acostado sin desvestirme no he tardado ni tres minutos en plantarme en clase. Vacía. ¡Mierda, es domingo! Si es que no me entero. Me siento con la cabeza entre los brazos, apoyado en la mesa. ¡Qué estómago! Creo que voy a vomitar, creo que voy a echar la pela, creo que... lo he puesto todo perdido. Menudo pastel. La mesa, el suelo... ¡una pocilga! Y con el cuerpo serrano que llevo... Algo habrá a mano para limpiar. En ese armario había unos trapos... Es asqueroso. ¡Y cómo huele el ajoarriero! Ya puedo traer lejía y fregona si quiero darle cara. ¡Qué panorama! *Post festum pestum*, pero peste peste, no te vayas a pensar.

–Buenos días. ¿Ocurre algo? –¡el alcalde!–. He visto la puerta de la escuela de par en par y siendo domingo me ha extrañado –da un rápido vistazo a la sala–. ¿Qué ha ocurrido aquí? –duda, se acerca, comprueba, tuerce el gesto y explota colérico–. ¡Vaya guarrada! ¿Pero con qué está limpiando esa vomitona? ¿No se da cuenta que es la bandera de la patria? ¡Está loco! Vamos, largo, fuera de aquí ahora mismo. Y contento que no llame inmediatamente a la Guardia Civil. Ya hablaremos más despacio usted y yo.

–¿No me fastidies que era la bandera? –en el bar lleno de parroquianos, Raquel se descojona de mis calamidades–. Perdona, pero con el resacón me da la risa tonta.

A pesar de que la manzanilla me produce náuseas, se empeña en hacérmela tomar caliente.

–No puedes pasarte el día en ayunas.

–Tú lo que quieres es deshacerte de mí, mandarme al otro barrio y liarte con ese Napoleón de vía estrecha.

–¿Le echo un poco de anís? –pregunta Julio servicial.

–¿Anís? Calla, criminal –y corro hacia el retrete.

Al verme salir del servicio, Dionisio alza su vaso de vermut sin evaluar las arcadas que gesto tan inocente pueden producir en mi maltrecho aparato digestivo:

–¿Una curda para contar a los nietos, eh? *Xei ondoko xei*, se decía antes. Para curar los efectos de la fiesta, nada mejor que más fiesta.

De extremo a extremo de la barra, en tertulia generalizada, los clientes comentan las incidencias de la madrugada. Dicen que se ha armado un follón de mucha nombradera. Pocos secretos existen en un pueblo, y menos si se propagan a pleno pulmón en la quietud de la noche.

–A ese pequeño de Bezunartea es de los que no se le hace hora de volver a casa.

–Una pieza de cuidao, buen ficha está hecho.

–Si va a darse a su abuelo aún tiene que aprender.

–Vocación no le falta, menudo cantamañanas.

–Ruido ya metieron, si hicieron algo de fundamento....

–Tampoco llevaban mala compañía ni nada: Xurbi, Berradre, Carlosena, Kulixko... ¡Fuego al chaparral!

–Eso no son trazas, ¡cuadrilla de fandangos!

El bar se ha vaciado. «¿Qué, Dionisio, hoy no comes?». El hombre da largas para irse a casa. Le adivino la intención. Antes de improvisar se le achispan los ojillos con traviesa socarronería. Es su momento de inspiración.

–Versos, no –suplico.

–La poesía es bálsamo para el alma.

–El alma es inmortal, es mi cuerpo lo que me preocupa.

Dionisio está embalado y no parece dispuesto a perderse una oportunidad así: un oyente incapaz de defenderse de su vena poética. ¿Adónde huir? Julio ha cerrado la puerta de la calle para ir a comer él también. Dionisio se adelanta a mis intenciones obstruyendo el paso hacia la puerta trasera y, contraviniendo la prescripción facultativa para un caso grave como el mío, declama con lengua desarbolada por el chiquiteo del mediodía, unos ripios de inconfundible olor a aperitivo de domingo:

–Al cantor no le interesa
el porqué tanto te quejas
ni quiere salir ni entra
en el mal que ahora te aqueja.
Paga el precio de la noche
de otra larga noche... vieja

Si piensas con atención
descubrirás con sorpresa
que debes saber beber
controlando la cabeza
pa´ no despertar de pronto
con bomba de tanta mezcla.
Amor, *quintos, una guerra,*
empinar a la francesa,
luego aullasteis a la luna
y maitines al apeza
sólo faltó ir al cuartel
a rondar a la guardiesa.

¿Una guerra? ¿Por qué menta Dionisio una guerra? En este pueblo todo Cristo sabe más de lo que da a entender o...

–Tómate la manzanilla y vamos a ver si Liberto respira –propone Raquel.

–Si todavía vive, juro que al francesito lo ahogo con la almohada.

–Estás patético, en serio te lo digo –y, al salir, oculta su cara en la capucha del comando azul marino.

Lotsa dionari
malta guztiak zaizka otso

La sobremesa del domingo reúne a los hombres en los dos bares de Argondoa. Los graves acontecimientos, así de dramático es el tono del cura, han citado en su despacho parroquial al ojo avizor de quienes tienen encomendada la misión de vigilar el bienestar de sus gobernados.

–Mire, don Salvador, por mucho que le citen al Papa de Roma bajo la ventana, no es motivo para sacarme de la cama y hacerme protagonizar una carga de caballería a las seis de la mañana. Son jóvenes, es la fiesta de quintos –no disimula su mal humor el capitán Carayu.

–Serán quintos, pero de la V Asamblea, porque lo que es mucho entusiasmo en servir a la patria no mostraban gritando ¡*Gora Euzkadi*!

–¿No querrá decir que tenemos un comando de ETA en Salazar? –se alarma el uniformado.

–Esos chicos no saben ni lo qué se dicen. De terrorismo, nada de nada –quiere tranquilizarles Rodolfo.

–Nunca pasa hasta que pasa. Mira la que se ha montado

en Pamplona con el encierro en la mina de Potasas. ¡Una huelga general! –el cura a lo suyo.

–Eran motivos laborales.

–Esos obreros tienen de lucha económica lo que yo de... –don Salvador parece arrepentirse de la comparación y se arriesga con un pronóstico–. Empiezan pidiendo un aumento de sueldo y acaban armando la Revolución de Octubre.

–Aquí todos nos conocemos y sabemos de qué pie cojea cada uno –aplaca el alcalde las sospechas.

–Tu «amigo» Críspulo cojea del izquierdo, y te recuerdo que iba con ellos –insidioso el cura.

–Críspulo es cosa mía.

–Treinta años lleva siendo cosa tuya y, lo que son las cosas, parece hacer buenas migas con el francés.

–¿Qué francés? –se interesa Carayu.

–Un rubio que lleva los mismos apellidos que Rodolfo.

–Es el hijo de mi hermano, el que huyó a Francia luego de la guerra.

–Pero murió en España –don Salvador como si leyera una esquela.

–Dejemos descansar a los muertos –corta Rodolfo con tono funerario.

–Si ellos te dejan en paz a ti. ¿Qué hay de tu sobrino?

–Nunca he hablado con él. No sé a qué ha venido.

–Malo sea que en el cuartel no sepan más que el propio interesado.

–Ni sé de qué estáis hablando –deja escapar un bufido el guardia, puesto al día gracias a las antenas mejor orientadas de estos paisanos confidentes.

–Aún resultará que mi confesionario es más efectivo que todo el Servicio de Información de la Guardia Civil. ¡Válgame el cielo, en qué manos estamos!

–Pues vaya un seguimiento del personal que tenemos –reprocha el alcalde.

–¿Veis? Ya decía antes que no sé qué es peor si la orgía

de unos quintos borrachos o nuestra dejación de autoridad, este relajamiento que hace la vista gorda en lo moral y en lo político –exorciza demonios el párroco.

–¡Qué más quiere esa cuadrilla de golfos que tener vía libre! El consentimiento de quien debiera velar por el orden les da alas. Vete, vete luego a poner freno a tanto descontrol –Rodolfo se deja llevar por el análisis del cura.

–Exageran. Todo está bajo control y no siempre se deben examinar las cosas bajo el prisma de la ley. Y a la par pongo la ley del Código Penal o la Ley de Moisés –consensuador el del tricornio.

–Cría, cría cuervos... –los otros dos al unísono.

–¿Y qué son media docena de «pichones» para un cazador experto como usted? Por cierto que hace tiempo que no... –se relame Carayu, insistiendo con la obstinación de quien está acostumbrado a ser obedecido.

–Y más tiempo hará si el Cuerpo no se implica y toma cartas en el asunto.

–Todo se andará –da largas el guardia.

–¿A paso de tortuga o de liebre?

–Ya veremos. ¿Qué decía de esa merienda?

–Prefiero hincar el diente en asuntos menos tiernos. ¿Y del maestrillo qué? –interroga el cura al alcalde.

–¿Con el maestro también tenemos pleito? –silba admirado el civil, consciente de su descoloque informativo.

–Yo ya tengo formada mi propia opinión. Habrá que moverse si no queremos que la situación se nos vaya de las manos –previene misterioso el alcalde.

–Ustedes son la rehostia, y me perdone la impertinencia el páter aquí presente. Son tremendos. Todo se lo toman a degüello. ¡Olé por el somatén! –y con el fondo radiofónico de *Carrusel deportivo* que retransmite los partidos de la jornada, hace un saludo torero con el tricornio.

El derrumbe del sol en el malestar de la noche acerca La Salacenca a su destino con la mayor parte de los asientos todavía ocupados. Doña Perfecta prefirió cambiar de compañía y charlar animadamente con una medio pariente. El pasaje no descenderá hasta los pueblos agrupados en torno a los quiñones administrativos de Errartea y Ochagavía. Ella también permanece en el autobús, y desde la parada de Lumbier, en que oí el cascabeleo de la pulsera en su tobillo y le vi refrescarse la cara como un melocotón bajo el grifo, no han vuelto a cruzarse nuestras miradas.

Al borde de la carretera se apilan los troncos a la espera del embarque. Pasado Navascués, el sueño desvelado de los árboles talados multiplica su presencia desarraigada. Pegada la tripa al terreno, sestean como saurios antediluvianos tras un cataclismo climático que los hubiera llevado a la extinción. La corteza desbrozada por el hacha alfombra el suelo. Son girones de piel vegetal, mudas quebradizas de cangrejo, camisas de culebra en cambio que los deja indefensos, inermes frente al desgarro de la intemperie, exánimes contra los tenaces insectos que los colonizan de inmediato. Los troncos ofrecen una desnudez de savia fresca, la vulnerabilidad de gigantes vencidos, apeados de raíz por el repentino roer de la motosierra. El bosque se desmiga estrujado por el abrazo asfixiante de la explotación forestal; se desmorona tatuado por los clareos incontrolados y las pistas que, tras muchas idas y revueltas, acaban conduciendo al punto de partida.

En unos minutos se derriban abetos centenarios que precisaron la lentitud del tiempo para grabar la huella dactilar de la vida en sus anillos. Al cabo de los siglos, son sorprendidos en la espesura apenas hollada por el hombre y caen abatidos en una emboscada, en una saca planificada por una lejana compañía maderera. Su muerte, adjudicada en subasta a la baja, se ha sellado con un apretón sudado y el carajillo de *Fundador*, un coñac cosa de hombres. Los cables del acarreo, esposas brutalmente apretadas en torno a los clavilletes, abren cicatrices supurantes en el leño que aún no comprende bien la tragedia que lo ha elegido como víctima. Arrastrados monte abajo por los tirabides desgarrados por los bojacares y la caliza hiriente, son arrojados, peñas abajo, y caen entre las zargas apilados como cabeza de res degollada en el matadero. Los pájaros callan y el penetrante olor a gasolina de la motosierra se expande cual definitiva mortaja sobrevolando la devastación. Los tocones, último testimonio de que ese muñón alguna vez contuvo vida, sienten, en los días de viento sur, la presencia del tronco cercenado. Y lo perciben como a otros les ocurre con el miembro amputado que, en gesto reflejo, rascan el vacío que antes ocupara una pierna o una mano.

En el combate hostil contra el hacha mecánica los troncos han doblado su altivez. La selva pierde su virginidad forzada por leñadores que la deforestan como una venganza, nada que ver con el espíritu audaz de un pionero, con la aventura de una exploración. Si los árboles pudieran reordenar sus recuerdos se sentirían traicionados, engañados por los mismos celadores que decían admirar su porte singular. Mientras esperan resignados la llegada de los camiones, reviven un sueño de duermevela en que su destino quedó sentenciado con un chaspe de hacha, y la numeración a golpe de martillo. Se sabían condenados por esa marca ultrajante que los señalaba para el exterminio, como una pata de oca en el capusay de un agote, como una estrella de David cosida en la pechera de un judío. Aguardan ser transportados como ganado maloliente hacia la terminal del aserradero. Ninguno de ellos será una talla estilizada de sirena ni un Neptuno imponente abriendo cuña en el mascarón de proa de un galeón rumbo a las Indias. Ninguno surcará los mares oliendo a sal desde el portillón de la crujía, ni llevará tatuado el día de su botadura en los Reales Astilleros de Cartagena. Fueron otros siglos, y otros pinabetes. Hoy todo es vulgar, chabacano, y terminarán sus días como andamio de construcción o en mueblería de serie vendida en saldos de grandes superficies comerciales.

Estos troncos nunca conocerán el paisaje exclusivo de un descenso en almadía. No verán al agua golpear furiosa los escarpes angostos de Arbayún. En arriesgado ejercicio de soledad y silencio, la singladura dramática de los almadieros sólo se revive en la añoranza del, «Abuelo, cuéntame otra vez cuando bajabais las almadías por el río». Oficiantes ajenos al sentido del espectáculo, hacían acopio de agua en represas y esclusas y, con las crecidas de primavera, cuando las aguas bajaban mayencas, hundían el barrel puntero en un remolino de espuma alocada que bramaba fantástica y mordiente. El río limaba el acantilado de los estrechos, se arrollaba el limo en los remos coderos, y la corriente grisverdosa del deshielo amenazaba romper las jarcias, las frescas xinturas de avellano que enlazaban los tramos de troncos agrupados en secenes, docenes o catorcenes. Helechos arborescentes en las orillas corroídas de la foz oficiaban de único testigo. Brumas delirantes empapaban el sudor agrio de los almadieros, humedecían su ropero y la alforja con pan y tocino seco. El almadiero nunca lograba sacarse de encima el frío. El alma, como el tuétano de los huesos, se escurría en un continuo goteo. El alma de un almadiero no era ingrávida, era pura carne mortal y lloraba el dolor acumulado de una vida injusta.

Los pueblos se presentan de sopetón con luces de casita de belén. Hay prisas repentinas en el chófer que, con poco miramiento, descarga bultos y maletas sin dar tiempo a despedirse al viajero que se apea. En cada nueva parada una ronquera dolorida me anuda la garganta. No quiero reconocer que me pesa el no saber si ella bajará conmigo. Oigo su pulsera, sigue en su asiento. Me decido a preguntarle con nerviosismo infantil de estreno de comedias, con la impaciencia tras el telón antes de recitar una poesía colegial:

–Es la primera vez que hago este viaje –miento–. Si no desciendes antes, ¿podrías avisarme al acercarnos a Argondoa?

–Tranquilo, yo también me bajo allí –y su voz es un clinc-clinc tan reconfortante como la campanilla de cristal en su tobillo.

Arantxa se pierde en el laberinto direccional de la lectura. Su mano se ralentiza indecisa en el obligado deber de elección: derecha o izquierda, arriba o abajo. Sus dedos inseguros se aturullan en el ofuscado torbellino de sílabas directas, trabadas e inversas. Su direccionalidad, como la rueda de *la neskadantza de Jaurrieta* contraría el sentido obligado. Bailan las letras un tejer y destejer confuso donde, espacio y orientación se vuelven imprecisos. Desliza el dedo pegado al papel en una coreografía arcaica de pasos de danza. Más adelante, se traiciona, sube y baja, cambia de línea, adorna su desliz con *jautsis* o *pikas* de una B*olanta* de Valcarlos. Impasible, continúa su alado evolucionar de *zotes, doblas* y *entrexantas* caprichosos, en una lectura de caótico significado, pero con la naturalidad de pensar: «Al que no le guste que no escuche como leo».

Leer es penetrar un arcano enigmático, acceder a la voluntad de un dios que, en su morada sagrada, transcribe mensajes con la rotundidad del rayo cincelando la piedra. Los pequeños saben leer alguna huella de animal, el paso de un perro por la tierra mullida de las huertas; interpretan ciertas señales del cielo deletreadas en papel de nube: que si se encasquetan los altos de Jaurrieta tal vez llueva, por ejemplo. A los niños les resulta más fácil la traducción exacta del ceño fruncido de su padre, de ese malestar difuso de las madres cuando la jornada se carga de mil quehaceres. Pero, ¿cómo descifrar el hormiguero de patitas negras que corre por el folio? ¿Cómo dar contenido a un rastro de orugas arrastrándose sobre la cartilla de las primeras letras? Las palabras son ensalmos portentosos, criptogramas secretos que sólo el iniciado puede desentrañar. Cada vocal es pálpito de una génesis nueva, cada consonante un signo profético de su cábala infantil. Los niños se afanan en el secreto mensaje que, desde lugares lejanísimos, misteriosos escritores envían encerrados en la botella de los libros. Con la yema de sus dedos frotan las letras como Aladino la lámpara mágica, y surge el prodigio de la conversión del texto borroso en una voz que relata con voz propia. Y el narrador es el niño que lee. Y él mismo cabalga el unicornio, penetra en la casa encantada o vigila los pasos del sospechoso vestido con un gabán oscuro. La lectura tiene el toque de una varita maravillosa que todo lo trasmuta, un hágase la luz en la maraña sin sentido de la caligrafía moldeada en imprenta.

Leer nos ayudó a crecer, a cicatrizar heridas invisibles, nos hizo rebeldes y comprensivos. Las colecciones del *Jabato*, *Capitán Trueno* o el propio TBO –el más tebeo de todos los tebeos– compartían pupitre y maleta con la *Enciclopedia Álvarez* y otros libros de texto. En Bibliófilo, Vaquero, en todas las pequeñas librerías de barrio intercambiábamos tebeos con el regateo de unas pocas ochenas. Aquellos mercadillos de historietas de segunda mano crearon muchos primeros lectores. Pero fue la enciclopedia de mi padre quien borró mi ignorancia. Descubriéndome más amplios horizontes literarios. Veintidós volúmenes de *Universitas* que iba leyendo tomo a tomo –como Borges la *Británica*–, saltando del *Paraíso* de Milton a la ingeniería aeronáutica, del nuevo romance del gaucho Martín Fierro al arte prehistórico. La lectura se acompañó de cierta transgresión: las ilustraciones «fuertes» que mi padre censuraba con un enérgico «¿Qué estás mirando?». Y me cerraba de golpe las páginas iluminadas por la desnudez mitológica de los grandes maestros de la pintura.

En el Seminario la lectura nocturna estaba prohibida. Eludíamos la rigidez horaria leyendo bajo las sábanas, a la luz de una linterna que me dejó miopía crónica. Más dioptrías que todas las masturbaciones acumuladas de mi generación. Leer en esas condiciones te iluminaba el alma a la vez que emborronaba tu visión: una paradoja. Tal vez por eso, a los que leen mucho les dicen «pajilleros», como si la inclinación intelectual y el placer solitario fueran de la misma mano. Puedo prometer que nunca entonces ojeé libros de sostener con una sola mano para que la otra atendiera prioridades más concluyentes. No tuve contacto con la literatura galante hasta que, ya algo talludito, un amigo compasivo me proporcionó las *Once mil vergas* de Apollinaire, en una traducción mejicana que se las traía, por decirlo con delicadeza.

Hoy en día, leer sigue siendo una aventura perseguida. Subes a la librería Elur, situada en un primer piso de la calle Chapitela – una librería doméstica, miniaturizada–, a buscar un libro traído de *extranjis*, y te lo llevas envuelto con más pudor que una caja de preservativos comprada en un viaje a Barcelona. Aquí, en Navarra, ni me imagino que puedan venderse condones. Leer sigue siendo un acto clandestino, de compra-venta apalabrada en la trastienda de Javier, el del Parnasillo, que atiende nuestras necesidades espirituales con solicitud de madre preocupada por la dieta de sus hijos. Nos asesora sobre lecturas clarificadoras, versioneando el ¿ya me comes bien? por un ¿ya me lees bien? Procura equilibrarnos la ingesta con cantidades compensadas de Ruedo Ibérico, Fondo de Cultura Sudamericano y otras editoriales incluidas en el índice negro de la censura. En la plaza de San Francisco, la librería Abárzuza nos distribuye títulos vasquistas, algunos impresos en México y Argentina. Compramos también en Areta de la calle Caldererίa, donde nunca falta un rato de tertulia.

Tiene muy buena prensa entre mis amigos la «expropiación» de libros por la brava. Argumentan la falacia de restituir al pueblo la plusvalía intelectual que nos roban con los abusivos márgenes comerciales. Es una acción de pura justicia distributiva, dicen, como la de los obreros con su parte de trabajo enajenado por las ganancias del patrón. En su falta de escrúpulos requisadores arremeten con lo más fácil, la librería Auzokoa de la calle del Carmen, regentada por Ángel Urrutia. Estudiantes de Magisterio o Empresariales aprovechan las borotas para, antes de ir a jugar a cartas a la Bodegica San Martín o comerse una bola de pimiento en el Cordovilla, saquearle a Ángel las estanterías. No distinguen un servicio cultural de una sociedad con ánimo de lucro. Robarle a Ángel Urrutia es una canallada sin mérito alguno. Ni siquiera hay riesgo. Ángel, como buen poeta, tiene la mirada más puesta en las nubes que en el balance contable, y cuando sospecha algo, mira hacia otro lado. Le roban los sonetos y es él quien se ruboriza. Hasta le «socializan» los libritos de la Coleccción Austral, que más baratos imposible. La calle del Carmen, que creyó calle del gozo, lo acabará llevando por la calle de la amargura empresarial. La Librería Universitaria se libra de saqueos, no por la mediación protectora de Monseñor Escrivá, sino por la falta de interés de sus fondos bibliográficos. La castidad ideológica de sus catálogos la preserva de la codicia depredadora de estudiantes con poco dinero encima y mucha hambre de vida, aunque sea contada por escrito.

–¿Qué lees? –pregunto, vuelto a casa.

–Nada que merezca la pena –contesta Liberto sin levantar la vista del libro.

Adivino la portada de una novelita breve, popular compañía de cuartel, de venta masiva en los kioskos de estación: Marcial Lafuente Estefanía. Y como busco la directa le disparo a bocajarro en el nuevo estilo que me he autoimpuesto:

–¿Desde cuándo las batallitas de indios y vaqueros son lectura obligada para revolucionarios tremendos?

–Apenas llegas y ¿provocando? –asoma la voz de Raquel.

–¿Y tú que haces aquí? –un alarido me traiciona.

–Justo lo que imaginas, ¿para qué decir otra cosa? –y tararea risueña, más cantarina que nunca. ¡Mierda!

En la escuela, el mural colectivo se va completando. Hemos recuperado los nombres originales de casi todas las casas del pueblo. Casa Pedro o Andrés, casa del teléfono, la del barbero o la Valeriana han sido rebautizadas con los nombres solariegos que las identificaron durante siglos: Jostuna, Iturriña, Mutuberri....

Joaquín, Laura, Nieves y Víctor rotulan los nombres en pequeñas cartulinas de colores, agrupadas según el significado tenga que ver con oficios (Argiña, Sastrearena, Labari), personas (Martinena, Carlosena...), situación geográfica (Etxegoien, Zubiri, Arrabehere), o características físicas de la casa (Etxebertz, Etxandi, Zabala). El plano del pueblo, ampliado con regla y cartabón por los mayores en un ejercicio práctico de escalas, retorna a la vida al superponérsele con chinchetas los viejos-nuevos nombres. Ha sido un viaje a través de la historia y la memoria, un reencuentro con las voces que vienen del origen.

Como en las viejas mansiones inglesas ¿habitará en el sabayao de estas casas un espectro familiar que podrá al fin descansar en paz viendo que los actuales habitantes deshacen el maleficio de un nombre intruso? La casa trasciende a sus habitantes, se prolonga por encima de su vida circunstancial. Vivirán, morirán, nacerán otros y otros más, y la casa seguirá ahí, contando a quien quiera oírle los secretos guardados entre sus paredes. La vida de todas las generaciones que la hicieron hogar permanece disuelta en el aire encantado de las habitaciones menos visitadas. Tras la puerta cerrada de una sala en la que nadie entra, aguarda una larga saga de héroes y cobardes, de honradez e infamias, de amor y desamparos, de cordura o desasosiego. Es la vida entremezclada en la argamasa del edificio, una larga genealogía de parientes enterrada en los cimientos que lo sostienen.

Ha terminado la jornada. El patio es un terreno que aguanta bien la falta de exactitud toponímica. Los niños no necesitan delimitaciones cartográficas para hacer suyo cualquier espacio. Superada la clasificación del geógrafo o del urbanista, para ellos todo es lugar de juego y recreo sin respeto al uso previsto en los Planes de Ordenación del Territorio. Suelo industrial, polígono de tiro, mapa catastral, terreno comunal o privado, zona verde o de servicios, todo es Tierra prometida para la aventura y las carreras, para el entusiasmo y el tú la llevas. «¡Se me ha hecho tarde», se apresura Víctor retrasado en la perfección de sus cartulinas. Sale corriendo con un «Hasta mañana, aita». Por un instante es natural para ambos, luego me río y ríe Víctor conmigo, creo que nos ha gustado a los dos. Se va dejando un no sé qué inquietante, hermoso, limpio e inocente. Los nombres de los padres, como los nombres de las casas, siempre son los mismos. Nombres que están por encima de los avatares del tiempo. Nombres que no se olvidan, que saben a íntimo, que huelen a «visvaporú» y leche frita.

–¿Me echas de casa o tan sólo me pones de patitas en la calle? –en el tono de Liberto no hay asomo de reproche, parece una frase ensayada, construida con tiempo.

– Ha mejorado mucho tu castellano, muy coloquial –respondo con una evasiva entre cínica y acobardada.

–Daniel, además de comportarte como un crío enfurruñado, estás totalmente equivocado.

–¿En qué me equivoco?

–No te debo ninguna explicación y me jode tomarme con seriedad a un español celoso. Perdón, que no eres español, que eres vasco, euskadiano, ¿no? Pues en el cuidado de las mujeres te has contagiado de la hombría hispana. Y en otras cosas a lo mejor también. Vascos y españoles os parecéis demasiado.

–¿Y tú quién eres? ¿El Judío errante vagando como un fantasma que quiere vengar el pasado familiar? –me revuelvo quisquilloso.

–¡Eres un cabrón!

–¡Vete a tomar por culo!

–Así está mejor. Saca de una vez la mala leche que llevas. Venga suéltalo, ¿qué pasa, que te sientes un cornudo? –y el muy capullo se corona la cabeza con el astado de los dedos.

El primer puñetazo, como venía calculándolo desde la farra de quintos, va sobrado de fuerza y certero en dirección. Hace blanco entre la mandíbula y el cuello, tampoco una proeza boxeística. El resto es un embrollo de brazos y piernas en el peor estilo de lo que se entiende por una lucha noble; un guirigay de maldiciones y empujones. Liberto tiene bastante más idea que yo –nulo en el cuerpo a cuerpo–, y, cuando afianzándome firmemente con una llave habilidosa se aburre de decirme lo imbécil que puedo llegar a ser, me suelta resoplando.

–Esto es una mamarrachada. ¿Sabes qué te digo? Que no pienso irme de esta casa hasta que acabe con el asunto que me trajo –me previene con firme serenidad.

–De idiotas sería pelearnos por los pelos del lavabo (el no afeitarnos ninguno de los dos tiene esa ventaja), pero batirnos en duelo por una tía tiene su punto –contesto muy digno.

–Vamos a ducharnos a ver si se nos baja la calentura. ¡Pareja de *guilipollas* estamos hechos!

Y ese *guilipollas* de Liberto, pronunciado con la u intercalada de guisante o guitarra, me provoca una risa aturdida y descontrolada que sólo el agua medio helada del grifo corta de raíz. Bajamos al bar a por unos bocadillos y Julio nos da aire. Está sin pan. Cenamos en casa sardinas en lata con galletas *María*. Me sabe a gloria la botella de *Ricard* que nos ventilamos. Buenas noches, Liberto, y me duermo como un bendito.

La huelga se veía venir. Faltaba el mínimo de organización que aunara la voluntad de varios cientos de maestros interinos tomados por el pito de un sereno. Se exige estabilidad en el puesto y convocatoria de oposiciones. Una huelga en la enseñanza siempre es dura, con llamadas a la responsabilidad social y la utilización de los niños como chantaje moral. Todo el mundo, padres y abuelos, inspectores y políticos exigen cordura sosteniendo una criatura en brazos, como el pobre que mendiga caridad con un hijo dormido en el regazo. Poner en marcha una huelga es complicado. La dispersión de los centros y el aislamiento de las escuelas unitarias multiplican las dificultades de los interinos, un sector minoritario en el conjunto del profesorado.

Pero la huelga ha salido fuerte y la euforia preside las asambleas convocadas en el Seminario de Pamplona. Los maestros nos damos a la oratoria con facilidad. Es un tic profesional producto de las muchas horas de ensayo frente a un auditorio de alumnos obligados a la escucha pasiva (¡angelicos!). Las intervenciones se alargan y en alguno se adivina estilo de tribuno. Maestros con vocación política que parecen dirigirse a un público diferente, ni siquiera presente en este salón de actos. Ensayan maneras parlamentarias con el objetivo puesto en la nueva situación política que el franquismo agonizante es incapaz de retrasar por más tiempo.

Frente al hotel Los Tres Reyes, y siguiendo bajo la protección eclesial de una sala prestada en las Reparadoras, las Comisiones de Maestros hacen balance y perfilan las iniciativas a presentar en la Asamblea, órgano supremo de decisión. Las Comisiones son una creación reciente, casi un diseño de encargo para esta movilización. En ellas convive, dándose codazos, el batiburrillo mal avenido de la oposición, lo mejor de cada casa, la «vanguardia» propiamente dicha, ¡Toma ya! Con el único punto en común de la palabra comunista, los maoistas de la Organización Revolucionaria de Trabajadores, el Movimiento Comunista, El Partido de los Trabajadores de España, los troskos de la Liga Comunista Revolucionaria, uno del PC, algunos abertzales y un par de filosocialistas con futuro juegan a la conspiración. La mayor concienciación política de los jóvenes maestros se deja sentir, no en vano la Escuela de Magisterio es el centro de estudios políticamente más inquieto y mejor organizado de Pamplona. Desde que Javier Escalada y Arcadio, *El Rojo*, sobresaltaran en el 68 a la ciudadanía encabezando manifestaciones universitarias por las calles del Ensanche pamplonés, los estudiantes sólo se dejaban notar el día de santo Tomás de Aquino pidiendo a las chicas que les firmaran en cintas de colores. El nivel de contestación y organización del alumnado de la Escuela Normal –el nombre es toda una declaración de principios–, mantiene un pulso constante contra la Dirección, ejemplar en su inmovilismo. La presencia de algunos profesores más comprometidos no hace sino contrastar la cerrazón mental de la mayoría del claustro opuesto a cualquier iniciativa de renovación pedagógica.

En las Comisiones de Maestros nos embarullamos en la redacción de un programa que combine reivindicaciones laborales y exija mínimos/máximos democráticos. No firmamos con el Partido Carlista, se encorajinan *los trotskos*. Y al sector abertzale todo le parece españolismo descarado y desconfía de un modelo de escuela que considera arma desvasquizadora. Para los maoístas es clave arremeter contra el pelele Juan Carlos, y nunca falta la voz que ruega: «Compañeros,

compañeros, por favor, compañeros, unidad». A pesar de nosotros mismos, se logra consensuar una tabla reivindicativa y un texto en plan agitativo que, tirado en una «vietnamita» artesanal, distribuiremos por los centros en nombre de las Comisiones de Maestros. Es la perseverante octavilla del «Lee y difunde» que preside la larga marcha hacia la libertad. Alcanzar acuerdos para firmar manifiestos unitarios es casi un imposible por las susceptibilidades partidistas y las discrepancias de matiz. En el improbable caso de lograr la unanimidad, la miscelánea de siglas es bastante más ininteligible que el propio texto que ofrecemos «a las masas». Un trabalenguas para logopedas de izquierdas y semiólogos revolucionarios. Suena tal que así ORT-PT-LCR-ETA(VI)-LC-PCE-PC(ML)-EKA-MC-OIC-CCOO-OSO ...

–Sonia, tiempos que no te veía.

Me estampa un beso goloso, más inflamante que una arenga. Sonia está preciosa. Fue mi único ligue en Magisterio. No hubo nada del otro jueves, unos achuchones en las multitudinarias cenas de clase convocadas en La Cepa. El plato más sabroso de aquella tasca-bar-casa de comidas era Javier, el camarero que sacaba las cuentas con tiza sobre la misma mesa y recitaba la carta con meteórica exactitud: «¿Quéquereis,michicos?Estátodomuyrico». Y nos metíamos un *Urtain* –huevos con lomo, patatas y pimientos–, un contundente y atemporal plato combinado que nunca pasará de moda entre los jóvenes. Compartíamos los bancos alargados con alcohólicos temblorosos que, viendo tanta moza, se sumaban entusiastas al elogio del morapio: ¡*El demonio a la oreja me está diciendo, no vayas al rosario, sigue bebiendo. Viva La Cepa, viva el Marrano, viva el Ochenta y cuatro y el Marceliano*! Cantábamos acompañados por la imaginaria fanfarria de un Ejército de Salvación que, en la misma puerta, repartiera sopa caliente a las criaturas de la noche. Desafinábamos, contábamos chistes y nos cogíamos unos pedos indecentes. Y luego, nos íbamos calle Mayor adelante tarareando a media voz, por lo que pudiera ser, aquel sonsonete antiopusdeísta de *El Marqués de Peralta/ detrás de la burra va./ Y va, y va/ la burra levanta el rabo/ el Marqués le mete el nabo/ Ah, ah, ah*! Juergas que para sobrellevar hay que tener veinte años, y que a mí siempre me cuestan un disgusto conmigo mismo.

Con Sonia hubo compañerismo ruidoso y juego de manitas inocentes en los baluartes del Redín, cuando cambiábamos las sesiones académicas del Zabalza o la Blanca por los rincones oscuros del Caballo Blanco. Hablábamos de cosas turbadoras en un tono más insinuante que lo que luego daban de sí los hechos, pero era una manera de andar caliente. Nos besábamos y rozábamos los muslos sin disimulo, siempre con el fondo musical de una flauta dulce. Era imposible pasearse por las murallas del Arzobispado sin oír la flauta de algún desesperado ensayando una y otra vez las melodías de Claverol, profesor de música y auténtico imposible académico en el expediente de muchos futuros maestros. Cuando oigo en una película: «Cariño, es nuestra canción, salgamos a bailar», y se escucha ¡*Only youuuu*!, pienso que debo ser el único en ponerme tierno con una delirante pitada de flautas de pico. A otros, seguramente, les entrará el frenesí cariñoso recordando una cena íntima en un restaurante con violinista zíngaro incorporado al menú. Mi evocación de veladas arrebatadoras, con chica e hilo musical, es tomarme un pote y unas aceitunas con Sonia acompañados por la Sinfónica del Flauterío Escolar. Es el reflejo de Paulov que me dejó el Magisterio. Bueno, también me trae buenos recuerdos Laboa, éstos ya con Raquel, *Zure begiak, ene maitea, badute biek dizdir argia*.

De este quedarse en puertas amatorias (no mojarla, dicho en clave sexológica) hemos aprendido a sacar energía suficiente para la batalla antifranquista. Nos consolamos pensando que si no rendimos a las mujeres con nuestros sortilegios, al menos tumbaremos a la dictadura, una matrona bigotuda, sin encanto alguno y mucha mala leche, un cruce entre nurse prusiana y responsable de la Sección Femenia. «Con tanto activismo político sublimáis la frustración», nos recriminan paternalmente los lectores de *El Arte de amar* de Erich Fromm y otros libros de la editorial ZYX. Son resabiaos de la política que todo lo aprenden leyendo *Triunfo* y *Cuadernos para el Diálogo*, y acuden al Cine Club Lux del jesuita Ciriano a buscar, en el coloquio posterior, paralelismos traídos por los pelos entre la película y la actual situación política. Estos críticos de nuestro arrojado estilo son librepensadores anarquizantes, políticamente vegetarianos, preocupados por la revolución individual y con dudas metafísicas para los compromisos exigentes. Se debaten consumidos por la angustia vital de una búsqueda personal que les permita ser ellos mismos, es decir, unos, únicos y unívocos. Su objetivo es realizarse. Según les dé la ventolera proletaria o exquisita, alternan los bocadillos en La Servicial con unos cubatas en el Shanty, que es zona nacional. Estos pajilleros de la causa (que nada tienen de *gauche* y poco de *divine*) viven acuciados por un dilema que nunca resuelven: «Chico, no sé qué hacer, si apuntarme al FRAP o montar una comuna hippy en la Ulzama». Finalmente se integrarán en la Administración, como casi todos nosotros.

–¿Qué vida llevas, Sonia? Me han dicho que andas por la Ribera.

Las jornadas de huelga son agotadoras, sin horario, de reunión en reunión, de cita en cita para otra cita que otra cita posterior desconvoca. Gracias a la épica que ponemos en el asunto lo sobrellevamos con conciencia de estar escribiendo la Historia en mayúsculas. Todo el día con el 4-L, de aquí para allá, con Sonia al lado. Le hago conducir para poder hartarme de mirarla y ponerle, de paso, la mano en la rodilla sin opción a defenderse. Un crápula asqueroso, lo confieso.

Vamos dirección Carrascal. Nos toca regar con octavillas la puerta principal y el patio de varios colegios de la zona: Olite, Caparroso, Marcilla, Funes, Peralta, Larraga, Puente la Reina... Los pechos de Sonia son una suave duna de lana blanca ondulándose bajo el jersey de ochos. Me encantan los vaqueros prietos que delinean sus piernas con la firmeza de un proyecto fin de carrera en Bellas Artes. Silbo mientras deslizo tintineantes los dedos sobre su muslo. Sin apartar la vista de la carretera, las manos firmes al volante, se deja explorar. Me aprovecho y, con el bolígrafo, bosquejo un corazoncito adolescente a la altura de su ingle.

–¿Qué andas? Luego no hay quien quite las manchas de tinta.

–Guárdalo como si fuera el corazón que nunca llegamos a grabar en los árboles del paseo del Arzobispado –digo con una rotundidad que aumenta peligrosamente la ya de por sí cursilería de la frase.

Para tirar las hojas con un mínimo de cobertura conviene esperar a que oscurezca. Sonia aparca el coche en Tafalla, en una pequeña chopera al otro lado de la vía del tren. Nos entretenemos en un encaje de bolillos con los dedos. El pelo cortado a lo chico (*garçon*, dicen en las peluquerías *chic*) le da un excitante perfil ambiguo. Husmeo en su cuello y hago presa. Las bocas se ejercitan con la delicadeza de un ballet acuático. Las lenguas se enredan tentadas por la serpiente del árbol del bien y del mal. Succiono sus labios con la impaciencia de un niño su chupa-chups. Me sorbe a traguitos cortos, me paladea deteniendo la ventosa de su boca imantada en mi pecho. La respiración se acompasa al traqueteo de una locomotora cercana, y, ya puestos, ninguno objeta el apremio del otro.

Buscarse en el interior de un «cuatrolatas» es fácil porque tropiezas de inmediato; pretender delicadezas sensitivas es más laborioso. Ni la palanca de cambios clavada en los riñones como navaja de bandolero, ni la propia rigidez de los asientos –concebidos para inmovilizar accidentados con fractura de columna– están por la labor de favorecer un intercambio de caricias intensas. Pero el deseo lo puede todo, y este sexo que tiene mucho de urgencia instigada por el encuentro inesperado –un sexo acelerado por recuerdos compartidos, sobreexcitado por la morbosidad que crea la situación, por la complicidad que impone la actividad clandestina–, hace oídos sordos a la incomodidad y se inflama como una quemadura placentera. La huelo en profundidad. Mi nariz es un periscopio atisbando la profundidad de su fondo arenoso; mi lengua, un sonar submarino en la fosa abisal de su pubis. Fundidos en un abrazo subterráneo, buceo su piel erizada, excitada por el pellizco de mis dientes. Crezco en su interior, me restriego en la marisma secreta de su vientre y con la última promesa de un improvisado te quiero me derramo como nube en un cielo ilimitado.

–Se hace tarde –es Sonia emergiendo de mi cintura–. Hay que mover el culo rápido.

–Si no he puesto suficiente ritmo a mi culo, repetimos cuando quieras. Ahora mismo, si te empeñas.

–Fantasma, ya estás cumplido hasta el año que viene. Vamos, tenemos mucha escuela por delante –y acelera sin esperar a que recoja la cartera que con los arrebatos se me ha desperdigado por las alfombrillas.

Conduce en silencio, y yo, que no fumo, comparto el cigarro para seguir reteniendo el gusto de su boca en la mía. Apenas intercambiamos una mirada. Silencio. ¿Es la tensión de la misión panfletera o el poso de tristeza tras este encuentro alborotado? ¿Hubiera sido mejor dejarlo todo en el punto en que acabó un año antes? Ya estoy dándole vueltas al asunto. Siempre lo mismo. Por media hora de sexo, doscientas de discurso. Nos pasamos el día convenciéndonos de que el sexo es algo natural y, cada vez que lo hacemos, lo convertimos en una tesis doctoral. Esta acelerada evolución ideológica nos ha traído un repentino cambio de asesores: del cura al libro de psiquiatría. Es el vértigo de una moral sin equilibrio que produce taquicardia mental. Un personal y accidentado camino que va de la confesión culpabilizante a la autoterapia freudiana. Así nos luce, peor que a Woody Allen.

Las itinerancias de Sonia, cubriendo sustituciones en esta zona, la han convertido en una experta del callejero local. Guía sin titubeos, se planta delante del colegio, apaga las luces con el motor en marcha, tanteo las hojas bajo el asiento, tomo un puñado, salgo a la carrera y, en segundos, las tiro al buen tun tún, con la mejor eficacia que puedo, para largarnos a otra parte cagando leches.

–Esto se acabó –digo aireando la bolsa vacía.

–Ya era hora. Se me ha hecho eterno.

–Para un momento aquí mismo que voy a buscar la cartera.

–¿Tanto enredar ahí abajo y aún no la has cogido?

–¿No ves que era una excusa para hurgar entre tus piernas?

–¡Musgo!

–La cartera está, lo que no encuentro es el carné de identidad.

–¿Seguro que lo llevabas encima?

–En el bolsillo trasero. A mano por si nos paraban.

–Pues tú sabrás qué has hecho con él.

–Ni idea.

–¡Como no lo hayas tirado a una con las octavillas!

El 4-L gira en redondo y retoma el camino. Es un viaje en moviola volviendo al lugar del crimen como un asesino torpe o confiado.

–Con esta luz es inútil y peligroso. Mañana a primera hora llamaremos por teléfono a las porterías. Es lo más sensato –desisto tras intentarlo en un par de colegios.

–¡Vaya movida, Dick Turpin! –y su carcajada me deja la sensación de que últimamente las mujeres se ríen más de mí que conmigo.

«La policía no es tonta, chaval», imagino al capitán Carayu dirigiéndose a Liberto. Según la llamada teléfonica de Raquel, el registro ha puesto la casa de Argondoa patas arriba. Tampoco les habrá costado tanto. Orden y limpieza no caracterizan a una vivienda que permanece más cerrada que abierta, siempre en manos de gente de paso, temporeros de la enseñanza. La casa de un maestro interino es propiedad municipal y no constituye, precisamente, la imagen del rincón confortable y cálido en que poder refugiarse tras la derrota de cada día. Son excesivamente improvisadas para llamarlas hogar. Respiran espíritu nómada y desorden de vivir prestado, constantemente presididas por la inestable atmósfera de maletas a medio hacer.

El aviso de lo sucedido ha llegado antes que el carné, encontrado por manos piadosas en la sala de reuniones de las Reparadoras. Yo ligaba el asalto policial con la ineptitud en la salvaguarda de mi propia «identidad», aunque sea de papel, pero Raquel ha insistido en que iba dirigido a amedrentar a Liberto, tras su encuentro con el alcalde.

«¿Cuándo ha estado Liberto con su tío? ¿Dices que la

reunión fue sonada? ¿Y te parece que lo del registro es una forma de presionarlo para que se vaya?». Ahora me convertirá al francesito en una víctima, ya lo veo. «Por cierto, se me olvidaba –añade Raquel–, se han interesado en tus objetos personales, apuntes, carpetas y todo eso. Y han hecho alusiones a la huelga». Ah, bueno, o sea que no es Liberto el único represaliado. «Raquel, ¿me escuchas? ¿Acaso no soy yo también un perseguido? ¿No puedo ser tu héroe? ¿Será posible? ¡Me ha colgado!».

Tras la llamada de Raquel, hago mi particular registro en casa de mis padres. Con el gesto ritualista de la devota que desgasta estampas, reúno escritos comprometidos. Los de la carpeta azul son actas del *Biltzar Ttipia*. Acuerdos del Comité Ejecutivo que difícilmente podíamos cumplir la militancia de base, pues denotaban un distanciamiento peligroso de la realidad y una percepción triunfalista de nuestras propias fuerzas, las de un pequeño grupúsculo de la extrema izquierda. Carpetas que han recorrido el trastero, los bajos del coche de mi padre, la casa de tía Rosario... hasta ver en qué quedaba la última caída, la detención de algunos compañeros. Panfletos, papeles secretos que han dormido a la intemperie, ocultos en un descampado, confiados a un amigo que se deja engañar conscientemente: «Toma, guárdame estos apuntes». Y a los días, con fingido escándalo, te reprocha descubriendo de paso su curiosidad: «¿Pero qué diablos me diste a guardar?».

Precavido, conservo la circular sobre normas de seguridad, una copia en papel cebolla plagada de faltas de ortografía. Un escrito de currela afanosamente inclinado en la Olivetti portátil, dedo a dedo, con las yemas aún grasientas del torno. No pienso tirarla, me digo mientras releo apresurado los consejos a seguir: cómo negar la evidencia de un paquete de propaganda subversiva, la maleta rebosante de prensa revolucionaria que han encontrado bajo tu cama. Tal y como hizo el camarada Doneztebe en Belate pidiendo ayuda a la pareja de Tráfico para que le empujaran el coche averiado cargadico de material del partido. O como Jota, sacando la multicopista –en la bolsa de deportes y por la puerta principal de un instituto de Bachillerato– mientras hablaba del tiempo con el conserje. O aquel otro, erre que erre, «Que no, señor inspector, que esto que han encontrado en el armario de mi madre, no es mío, lo habrán puesto ustedes, que es una trampa muy vista». Con todo aplomo, claro. «Que ese paquete lo habrá traído el gato. Como el balcón da al patio y el bicho no para en casa». Se oye a los funcionarios mentar a tu sufrida madre por lo alto y por lo bajo. Y las madres, solidarias con sus hijos, se dejan calumniar por la bofia. Una coartada es una incoherente y rebuscada explicación de actos mal hilvanados que si cuela, cuela. Es una improvisada justificación que debe mantenerse unas horas soportando las primeras tortas para dar tiempo a que los compañeros se organicen. Las convicciones son firmes mas la carne débil, vienen diciendo los santos desde hace siglos. Acabarás «cantando», porque eres de este mundo y olvidaste decir que, aunque nacido para héroe, sólo ejerces en horario de oficina.

Repaso mi habilidad para disimular teléfonos en el dibujo de las cajas de cerillas, junto a criptográficos anagramas para saber el día y la hora de las citas con otros camaradas. Son elementalidades para sobrevivir en clandestinidad, como el saber distinguir los cambios imperceptibles de la calle: caras que no concuerdan con la zona, mosqueantes jóvenes vestidos de *sport*, siempre traicionados en su camuflaje por el anillo de sello, la gruesa cadena de oro bajo la cazadora o los horteras zapatos de rejilla. *Latin lovers* playeros perdidos en la neblina del norte. La policía actúa por parejas como algunos humoristas, pero con menos gracia. Se distribuyen papeles de bueno y malo, de listo y tonto. Al camarada Margolari, que le gustaba la estética subversiva de la brocha y el bote de pintura, le tocó el policía listo. Había uno y estaba de turno cuando lo detuvieron. El camarada Margolari nunca tuvo suerte. «A ver, impresor –lo acorralaron en comisaría– escribe en este papel: ¡Abajo la Dictadura franquista. Gora Euzkadi!». Fue suficiente para aquel superagente. La n y la z estaban al revés, invertidas. Prueba caligráfica positiva. No se puede ir por ahí manuscribiendo proclamas revolucionarias si se tienen problemas de dislexia. Pero no todos los secretas son como la pareja Hérnandez y Fernández del cómic de Tintín. No todos los policías se visten de policía como aquellos muñecos –de gafas con cristal ahumado y gabardina–, (llamados *El Espectador*) que aparecían inesperadamente en cualquier rincón de la ciudad y cuya imagen resumió *Los Encuentros* de Pamplona.

La convocatoria de *Los Encuentros*, bajo la dirección de Luis de Pablo y Alexanco, y el mecenazgo de un sector de la burguesía medianamente ilustrada, fue una atípica y desbordante experiencia artística que eludió la cortez cultural de la Dictadura trayendo a Pamplona, en el 72, un desfile exhuberante y multicolor como la portada del *Yellow Submarine* de los Beatles. Aquello sí que era el *Sargent Peapers y su Orquesta Show* despertando con sus dianas radiantes a una ciudad acostumbrada a no trastocar los horarios salvo con el Rosario de la Aurora o la Adoración Nocturna. Nos sumamos gozosos a la iniciativa y visitábamos las instalaciones alternativas, asistiendo al desfile de la cultura emergente, sin apenas entender nada, salvo que aquello era fresco, diferente, y seguro que no había jurado los Principios Fundamentales del Movimiento. Tenía su coña que, justo en el solar de Infantería, nos sintiéramos en territorio liberado, pues allí instalaron La Cúpula, una carpa enorme, en la que nos dejábamos sorprender por muchas actividades delirantes y visionarias.

Pamplona había sido un páramo cultural hasta que Xabier Morrás se hizo cargo de la programación de la Sala de Cultura de la Caja de Ahorros de Navarra, en la calle Mártires de la Patria, con su impactante exposición sobre Londres. Allá conocimos el corte generacional y el compromiso con el paisaje urbano de la pintura de Osés, Aquerreta, Mariano Royo, Salaberri (bautizados por Moreno Galván como *La escuela de Pamplona*) o el canto flamenco de José Meneses. En aquella sala gorroneamos a conciencia en los *lunch* de las inauguraciones de postín.

Pero en Pamplona hay policía secreta de verdad, no sólo muñecos inofensivos y provocadores en su caricatura. Hay «sociales» enfermos de sadismo, perros de presa peinados con brillantina como El Chino y El Caballista que van oliendo las braguetas de sus víctimas para detectar el miedo. Policía que en los sótanos del Gobierno Civil prueban a conciencia la resistencia de los militantes. Policías que hacen un alto en el trabajo para tomar una cerveza en el Florida con las sobaqueras de la camisa sudadas por el «ejercicio». Las estrechas ventanas enrejadas de las celdas dan a la calle Paulino Caballero, a ras de acera. Colándose por la malla metálica, los clientes de la churrería Esparza han oído gritos desgarradores. Yo, que vivo cerca, sé de gente que, desde entonces, nunca ha podido hacer un desayuno de día de fiesta. Esa experiencia les quitó las ganas de volver a bajar temprano a por churros calentitos, recién hechos.

Pero hablaba de normas de seguridad, de hábitos de topo acosado. Por necesidades de guión he aprendido a diferenciar el pisar de todos los vecinos de la casa: la señora Paca con su bolso de la compra sube hasta el tercero, vuelta a la izquierda y el ruido de la llave en la cerraja. Las zapatillas de Bonifacio lamiendo el suelo. Éste no pasa del segundo. El trotecilllo de Arturo y Laura, carrera obligada en los rellanos para niños de ciudad enlatados por las aceras. Así, en las noches de caídas inesperadas, cuando la frágil estructura de nuestra organización multiplica las detenciones de compañeros, puedo adivinar quién sube hasta casa. El pulsar intempestivo del timbre en la madrugada tiene un regusto ansioso, un sabor evangélico de última cena. A esas horas, seguro que no es el lechero.

Está también el juego de ratones del si me habrán seguido, un suspense con fondo musical de película de Hitchcock. En la duda de tu propia sombra, paras frente al escaparate, volviéndote de súbito. Das mil vueltas en plan despiste, bebes agua en la fuente del Concejo, fingiendo como un agente 007 de pacotilla. Tienes cita en el rosario de la iglesia de San Antonio, «¡Que está lleno de fachas y junto al Gobierno Civil!», reitera el Misteriolas, un compañero muy dado a ver el lado siniestro de la militancia. Largas esperas, con una revista bajo el brazo apalabrada de antemano, en la Media Luna, en los jardines de la Taconera, en paradas de autobús urbano, disimulado entre la gente que espera la villavesa. A pesar de las horas de entrenamiento, no soy nada diestro con las máquinas de los bares, esos *habilines* que me ayudan a disimular la espera con el contacto que siempre se retrasa.

Reviso, uno a uno, los papeles que hablan de gestas del movimiento obrero. Fotos amarillas de la República. Desfile de gremios sindicales tras estandartes procesionales primorosamente bordados: Agrupación Espartaco de Trabajadores Manuales. Banda de viento y cuerda, violín, guitarra, bandurrias y clarinetes del Círculo Recreativo Obrero. Los mismos hombres que rondaban a las mozas y, si el cura no era un fanático, cantaban las auroras de Pascua florida en su pueblo. En cambio, los Primeros de Mayo actuales son una jornada de convocatorias que resolvemos en quince minutos. Un par de vueltas al kiosko de la plaza del Castillo, tres palmadas y cuatro gritos de ¡Libertad, Libertad! antes de correr por Chapitela delante de la *pasma*, con un saldo deprimente de varios detenidos y las lunas de alguna sucursal bancaria hechas cisco. Cuesta de Santo Domingo abajo, acabamos en la Rochapea, sofocados por el doble ejercicio de correr a toda mecha sin dejar de cantar el *No nos moverán*. Justo en las orillas del Arga, y recelando que alguno de los que ha corrido con nosotros sea un social camuflado, acabamos con la última estrofa: *Igual que el pino junto a la ribera, no nos moverán*. ¡No nos moverán! Y no hemos parado.

Sigo seleccionando carpetas con olor a biblioteca portátil, textos de letra menuda y tinta desgastada. Un vistazo a los puntos fundamentales del III *Congreso*, y al *Llamamiento al Pueblo Trabajador Vasco*, que dudo se entere de las tareas claves que le encomendamos como sujeto revolucionario y motor insurreccional que es. El pueblo parece distraído a nuestras proposiciones. Más vale que hay grupos políticos con mayor audiencia popular y sus consignas impactan y movilizan. ¡Aviada estaría la revolución si quedara depositada sólo en manos de nuestro partido! Esas frases rotundas en que nos va la vida colman una bolsa *prêt-à-porter* del Carrefour de Hendaya. Amontono el diario de una entrega, el memorial de una convicción. Saturo la bolsa con las hojas de un calendario prieto en entusiasmo, en sueños que creemos materializados en cada huelga obrera, en cada manifestación estudiantil, en cada ikurriña colocada en un campanario, en cada acción de ETA, y en todos y cada uno de los manifiestos firmados por intelectuales y artistas demócratas. Incluso veo un camino de esperanza en cada homilía de Patxi Larrainzar, Lezaun y todos los curas obreros que instalan su tierra de misión en los barrios populares. Sus homilías son reproducidas a ciclostil. Sus sermones –diatribas de tono profético contra el Poder– se sustentan en las encíclicas sociales y las recomendaciones del Vaticano II. Aunque no sean mis textos de cabecera, algo aportan.

Con la Iglesia rompí en el 68. Monseñor Tavera, un pastoralista del ala progresista de la Curia, cerró las puertas de su palacio episcopal a donde habíamos acudido en menguada e improvisada manifestación, convocada boca a boca, para protestar por la prohibición del funeral en San Nicolás por Xabi Etxebarrieta, primer militante de ETA muerto por la policía en Benta Haundi. Algunos, puestos de rodillas, rezaban padrenuestros en voz alta. Ante la indiferencia del arzobispo, acrecentada por la humillación de aquellos jóvenes implorantes con los brazos en cruz, caí del caballo como Paulo camino de Damasco, sacudí el polvo de mis sandalias y abandoné el rebaño. Así he continuado hasta hoy, sin trazas de arrepentimiento. Pero con estos cristianos vueltos a las catacumbas por la persecución de su propia jerarquía me llevo bien. En las asambleas obreras y populares realizadas en la catedral hemos compartido repertorio fervoroso a la espera del violento desalojo por *los grises*. Mientras el arzobispo y el gobernador se entrecruzaban mensajes evaluando la conveniencia de una intervención contundente en el primer templo de la provincia, en la explanada catedralicia los pretorianos de la Policía Armada aguardaban velando porras. Dentro, ateos, agnósticos y cristianos convencidos repasábamos el cantoral religioso unidos por el destino común de la represión y la fe cierta en un futuro de libertades: *Venid y vamos todos con flores a María*... Una y otra vez, desbordando la paciencia mal disciplinada de las Fuerzas de Orden Público, *Perdona a tu pueblo, Señor*... Y sin darnos respiro, entonábamos con maliciosa ironía y masoquista resignación el *Hostia pura, hostia santa, hostia inmaculada*... Una bella estampa de común eucaristía previa al hostiamiento general que no distinguía entre cristianos viejos y marxistas nuevos. Todos hermanados por la orden terminante del desalojo: «Tienen tres minutos para disolverse».

En la campa del Convento de las Jesuitinas de la Chantrea, doy fuego a tanto sueño y volatizo una esperanza: la obediencia partidaria que intenta anularme con su rígida ortodoxia. Desde mi primera acción, unas octavillas para el *Aberri Eguna* de 1968, firmadas como Patriotas Navarros, y que deposité en los servicios de varios bares y en el campo de fútbol de los Salesianos –público concurrido en el Trofeo Boscos–, no he parado de sumarme a la mayoría del Partido. En verano, argumenté mis desacuerdos y redacté mi ruptura, convirtiéndome en un independiente, figura que siempre he criticado por autosuficiente y engreída. Ahora soy uno de ellos, gente zalamera que se deja querer por todo el mundo para revalorizar su ego. Pegado al muro del patio de este colegio de monjas, que tanto amparo y comprensión ofertan al movimiento popular, meo como un perro sobre las cenizas que huelen amargas. Orino y me llora el ojo irritado por las espirales de humo. S.O.S. de náufrago, volutas de una ofrenda a los dioses que supongo enfadados conmigo por tan ingrata apostasía.

Mi mejor y única inversión, a una con el primer sueldo, fue el coche que me permite romper la dependencia de La Salacenca, del andar mendigando quién puede traerte y llevarte. Tras el ritual purificador del fuego, y cubiertas las espaldas ante posibles visitas policiales a casa de mis padres, vuelvo al pueblo. En este lavado de apariencias también he quitado del cristal trasero la inocente pegatina de *Olentzero* diseñada por Artzai. Es roja, verde y blanca y no hay que dar facilidades al enemigo, ¡glup!

A la salida del invierno, el campo tiene la desnudez del perro callejero. Las frondosas y los arbustos de hoja caduca exponen la ridícula impotencia de quien se intenta proteger de la ferocidad de una tormenta con unas hojas de periódico. Me siento como esos retazos de la vieja carretera: un camino sofocado, una voluntad cercenada. Entre bojes y brotes de arbolado asoman trozos de una obra absurda, abandonada, sin rumbo ni sentido, que no pudo acertar la orientación. Truncada obra de ingeniería que ni ella misma se sabe para qué, ni de dónde a dónde. Los cuervos toman el sol. Los topos la cruzan sin los sobresaltos de la ruleta rusa de los coches. La hierba, que asoma como barba irreductible en el asfalto ajado por hielos y soles, la abraza recuperando un terreno que fue suyo.

Casetas de peón caminero jalonan el viaje, desiertas garitas de invisibles torreones que se desmoronan ante la mirada impasible del viajero. En las curvas de Aspurz, la pared de una chabola derrama un grito deletreado a brochazos por un errático comando nocturno: «¡Carlos Hugo, obrero!». Los lugareños lo leen sin entender nada. Más sentido hubiera tenido, «¡Aquí estuvo Pantojo!» o «¡Susana, puta!» (donde un jovencito despechado antes pusiera «¡Susana, te quiero!»), pero «¿¡Carlos Hugo, obrero!?». «¡Carlos Hugo, patatero!» debiera haber escrito el activista del socialismo monárquico si hubiese pensado un poco en la sociología laboral de sus destinatarios. «¡Carlos Hugo, obrero!» como definitivo derrumbe de un pretendiente que ciñó casco minero sobre la boina roja. Ante la mirada indiferente de la gente, la pintura se ha desteñido tan rápido como el carlismo navarro, ese carlismo que embadurnó con sangre otras muchas tapias y anegó, de rencor y cicatrices abiertas, la vida de muchos paisanos. Los jóvenes carlistas reniegan del pasado y tratan de lavar la desconfianza que provocan entre los antifranquistas. Zufía, los Grupos de Acción Carlista y otras iniciativas del carlismo federal se presentan libres de culpa, ajenos a una Historia que les pesa demasiado y les impide flotar cómodamente en el agua de la dignidad. Pasada la barrancada de Benasa, a mano derecha, otro indicador señala: «Ochagavía 22 km.». A Argondoa alguno menos.

Ni siquiera Marcelino ha comprendido el porqué de la huelga. Los chicos han estado mucho tiempo sin profesor, y don Salvador, meritorio en el esquirolaje, ha acumulado puntos cubriendo mi ausencia. Marcelino es un buen termómetro para medir la temperatura ambiental que me espera. Sin reprochármelo –faltaría más, aún soy el maestro–, me hace sentir culpable. Ni entiende ni aprueba esta huelga. Convencido estoy, por otra parte, de que ha salido en mi defensa en cuantas ocasiones le hayan tocado las narices los comentarios maliciosos dejados caer al paso. Los chicos han cenado antes y Ángeles hace pinzas de madera junto a la fregadera, trabajo a domicilio contratado por la serrería de Ezcaroz para redondear la economía familiar.

La cena es triste. El vinagre forma círculos interplanetarios en torno al pimiento escabechado; la sopa de ajo se cuaja abandonada en los platos; el pescado aguarda. Cenamos un cuaresmal menú de cofradía de mozorros luego de portear los pasos de Semana Santa. Come Marcelino, la mano izquierda descansada en la mesa, y yo no sé si debo romper el mutismo que me impone. No pienso acobardarme. Bastantes rodeos y vueltas debes darle al hecho mismo de participar en una huelga. Prejuicios éticos y profesionales asaltan al maestro en el ejercicio y defensa de sus derechos laborales. Aislado en la escuela unitaria no hubiese podido aguantar la presión, por eso he parado poco en casa: asambleas de zona y reuniones en Pamplona me han tenido en movimiento. Carnaza para que alguno malinterprete mi ausencia. Ya imagino los comentarios: «Como si no tuvieran suficiente vacación. Sólo les faltaba otro mes de fiesta, no te jode. Si te descuidas, todavía les pagarán. ¿Pero qué coño quieren éstos?». Ángeles recoge la mesa y los chavales limpian lentejas sobre el mantel de hule. Apartan piedrecitas, seleccionan el grano de la paja. Me despido temprano con la torpe excusa del cansancio y voy a casa donde esperan Raquel y Liberto.

La huelga se ha ganado. Cuatro semanas de movilización han arrancado un compromiso de estabilidad para tres años y convocatoria de oposiciones el próximo curso. «¡Sólo la lucha paga!», dice panfletaria Raquel. Ponemos música de Elisa Serna y Quintín Cabrera. Escuchamos entera la *Cantata de Santa María de Iquique* de Quilapayún. No es que los maestros hayamos sido, ni de lejos, como los mineros del salitre, pero... me regalo un homenaje. Cantamos *La Internacional* en voz baja y brindamos con *Ricard*. Liberto está logrando, al mismo tiempo, desplazar de mi vida a Raquel y al patxarán. Una auténtica invasión la de este galo medio-navarro. «¡Recuerda Roncesvalles, Roland de pacotilla!», clamo para mis adentros. Raquel, susurra suavecito la canción de Carlos Puebla, y yo adivino una oculta intención, un mensaje en clave para Liberto. Porque, obviando el último verso, dime tú a qué viene ahora eso de *Aquí se queda la clara/ la entrañable transparencia/ de tu divina presencia/ comandante* Che Guevara. Yo por mi cuenta y riesgo entono el *Zenbat gera? lau, bat, hiru, bost, zazpi* de Benito Lertxundi. Me gustaría saber de una vez cuántos somos, ¿dos, tres? *Zenbat gera*? ¿O me he quedado solo y soy el último en enterarme? ¿Pillará Raquel la indirecta sobre el triángulo amoroso que me está montando? Por cierto, lo del lío/trío amoroso dicho en francés, queda como una perversión elegante e insinuante. *Ménage à trois, ménage à trois*. Se te llena la boca de fantasía sólo con la frasecita.

–Fue muy desagradable, todavía tengo agujetas de la tensión que hice –recuerda Liberto la entrevista con el alcalde.

–El que algo quiere algo le cuesta –le quito importancia.

–¡Qué tacto el tuyo! Eres todo delicadeza. Como los buenos vinos mejoras con el tiempo –me reprocha irónica Raquel.

–Para eso hay que ser buen vino. Yo soy caldo peleón.

–Es verdad, olvidaba que te estás agriando como el vino de una bota vieja.

–Sí, me estoy disolviendo en la pez que impermeabiliza el corazón de algunas.

–¡La pez será! Ya te notaba un tanto besugo.

–Si no interesa lo dejo –recobra la voz Liberto con deje dolorido.

–Perdona, no sé qué demonios me pasa últimamente. Serán los nervios de la huelga.

–Reconócelo, estás más simple que ni sé –y Raquel invita con un gesto a Liberto para que retome la palabra.

–Me presenté con nombre y apellidos. Ni pestañeó. Comentó si tenía algún documento que atestiguara mi identidad, y en el mismo tono indiferente preguntó a ver qué quería.

–¡No hay como la familia! Siempre a tu lado en los malos momentos. Era una broma –corrijo a tiempo.

Liberto parece no haber oído mi nueva impertinencia y Raquel se lleva un dedo a los labios exigiéndome autocontrol.

–Le enseñé las fotos, tendió la mano y por un momento lo sentí próximo. Pareció reconocer las imágenes y volvió a retirar la mano con brusquedad, desviando la mirada para hablar con el deje aséptico de un empleado del Registro. Tenía los ojos cargados, ¿de sueño, de emoción, de ira? No sabría decirlo, pero ya no se evaporó de su mirada esa extraña humedad que la enrojecía.

–Al menos te ha servido de algo. Mejor así que seguir viviendo con la duda. Y con esto no quiero decir que Rodolfo tenga relación alguna con la muerte de tu padre, –por fin acierto con una frase adecuada al contexto.

–¿Te parece normal esa reacción con el hijo de un hermano al que ves por primera vez? –refunfuña Raquel en su papel de fiscal.

–Uno elige a sus amigos, no a su familia –me defiendo en un dueto con la *primma donna*.

–Para mí está claro.

–Eso no lo convierte en culpable

–Si no lo era, ya lo es. Su frialdad lo condena.

–¿A muerte?

–Por desgracia no habrá juicio ni sentencia, pero él sabe que para Liberto su responsabilidad queda fuera de toda duda. Su propia actitud es el mejor testimonio de su complicidad –se embala Raquel con un otrosí jurídico.

Liberto, que asiste impasible al cruce dialéctico, logra hacerse un hueco y continuar su relato.

–Había imaginado muchas veces esta entrevista. Pensaba salir airoso del encuentro, bien porque él se arrodillara pidiéndome perdón y me abrazara entre convulsiones, bien porque yo mismo me creciera seguro frente a un hombrecillo tembloroso, abrumado por el pasado, tartamudeando ante la balanza justiciera que exhibiría en mi mano. Y no fue exactamente así.

–Nada es como imaginamos.

–Todo puede ser. Basta con creer firmemente en ello –apostilla Raquel.

–El deseo no lo puede todo. Me parece que tu materialismo dialéctico deja mucho que desear.

De nuevo me he enzarzado con Raquel. Es una pelea de gallos, un rifirrafe altamente voltaico en el que ventilamos algo más que valoraciones diferentes sobre el encuentro entre Liberto y su tío. Ponemos excesiva pasión, y la controversia me excita. Adelantándose a mis intenciones, Liberto me lee el pensamiento. Gracias por una vez, hombre:

–¿Por qué no me dejáis acabar a mí y luego os vais a la cama los dos juntitos a seguir discutiendo de vuestras cosas?

El gesto de Raquel es suficientemente elocuente para dejar bien claro que nadie le elige sus compañeros de cama. Si lo sabré yo. Liberto no deja que la pausa forzada enfríe su historia:

–Fue en ese momento de incertidumbre, a punto de dar media vuelta e irme, cuando irrumpió Críspulo en la sala de sesiones. Más tarde me confirmó que había escuchado todo desde la secretaría. Ya sabéis que el secretario atiende tres ayuntamientos y sólo la ocupa dos días a la semana.

–Evítate el catálogo de servicios municipales y al grano.

–Críspulo le soltó un mitin: «Si no fuiste capaz de enfrentarte a tu hermano, por lo menos hazlo con el chico. No vuelvas a esconderte. Ya lo hiciste una vez tras el uniforme de la Guardia Civil, ¿tras qué te refugiarás ahora?». El alcalde quedó desconcertado, y Críspulo, como si se hubiera vaciado del todo y no tuviese qué añadir, enmudeció de pronto. «Desgraciao», se oyó finalmente. Era un insultante Rodolfo sacándonos a empujones de la habitación. «Viejo tarao, ésta la pagas», fue su despedida.

–¿Qué tiene que ver Críspulo en esta historia? –pregunto.

–No lo sé exactamente, creo que él también iba en aquella dichosa patrulla, con Rodolfo y la Guardia Civil, o estaba en el monte haciendo leña y lo vio todo. Algo debe haber, pero no me digas qué. A mí me ha ayudado, pero sin entrar en detalles concretos –agrega Liberto.

–Preguntaré en casa, seguro que mis padres tienen más datos –anuncia Raquel tomando una mano de Liberto entre las suyas.

–Ya no te queda nada por hacer aquí. ¿Te irás pronto, supongo? –hay demasiada ansiedad en la pregunta y se adivina el propósito. Ya es tarde para remediar mi falta de tacto. Raquel me dice barbaridades con la mirada.

Ihauteriak hulantzen
maltesak orhitzen xera
baten egitera dirade habiatzen
Salazar harmaturik ihiza yoaiten
zoria du egiten.

«¡Es Críspulo, es Críspulo!». Baja corriendo una voz multiplicada en todas las bocacalles, repetida en cada esquina.

–¡Es Críspulo, es Críspulo! –se amplifica el griterío.

–¿Qué pasa con Críspulo? –preguntan.

–¡Está muerto en el lavadero!

Flota Críspulo en la pileta y flota en el aire un silencio intimidado, un mutismo de condolencia y espanto. Flota Críspulo en el agua corrompida en la que se balancean largas algas verdosas. No es agua cristalina ni milagrosa como en la ermita de Argiloain que sana males de ojo, tampoco es benéfica como el agua batueca de la fuente del Boticario en Ochagavía que disimula sus bondades con un olor pestilente. Éste es un líquido levemente viscoso en que se mece la muerte. Carayu mira el agua con la desconfianza de la gente nacida y criada tierra adentro, pero no se deja intimidar por el espectáculo. «Para algo debe servirnos a los guardias civiles tener el alma de charol y de plomo la calavera –parece pensar con poética lorquiana–. Si no, ¿cómo superaríamos tanta sordidez, tanto asco?».

El cadáver, boca abajo, se funde en la oscuridad inmóvil del recinto, y en la calle, la gente se arracima en un solo cuerpo, una apretada multitud cuya sombra se tapa mutuamente. La Guardia Civil impide el paso y el médico pregunta quién ha ordenado levantar el cadáver.

–Algún vecino voluntarioso. Si quiere lo volvemos al agua –sugiere Carayu que está al frente del operativo.

–No diga sandeces –corta el médico entretenido en examinar el cuerpo mientras los guardias, muy en su papel de policía científica, apuntan datos y toman medidas con una cinta métrica.

–Mi capitán, es imposible dibujar con tiza en el agua la posición aproximada en que se encontró a la víctima. ¿Vaciamos el estanque?

–No diga majaderías, cabo –Carayu se resarce de los modales del médico.

–¿Por qué víctima? –pregunta el alcalde que se ha abierto paso hasta el centro de operaciones.

–Es la forma habitual de nombrar a los muertos en accidente –la voz experta de la Benemérita.

–Si es que fue un accidente casual –siembra la duda el médico.

–¿Qué insinúa?

–Nada hasta hacerle la autopsia.

–Parece evidente de qué ha muerto.

–¿Ah, sí? Si es tan amable de adelantarme una hipótesis.

–Se ahogó –asegura el alcalde.

–Bonito sitio para darse un baño. ¿Y esta brecha? –el médico señala con un escalpelo la parte inferior de la nuca

–Posiblemente resbalara y se golpeó en el bordillo del lavadero.

–O tal vez lo empujaron. ¿Pudo ser así, capitán?

–Necesitaría comprobar ciertos datos, interrogar a los vecinos, atar algún cabo suelto –y al oír lo de atar algún cabo suelto se revuelve inquieto por la alusión el cabo de la Guardia Civil creyendo que la idea de vaciar el estanque no se merece tal sanción–. En definitiva, desarrollar una investigación en toda regla.

–Pues hágala –ordena el médico.

A Carayu le da una pereza enorme enfrentarse a un caso de ¿asesinato? y, para aliviarse la tensión, quisiera atusarse el bigote que no tiene. En medio del ajetreo que se traen el médico y los números a su mando, le viene la absurda idea de que las Ordenanzas del Cuerpo debieran obligar a los guardias a usar bigote: les daría seriedad y un soporte para distraer los nervios de la mano, durante los operativos.

–Será una pérdida de tiempo. Críspulo no tenía muchos amigos, pero tampoco enemigos. Vivía demasiado a su aire para que nadie tuviera motivos en hacerle algo así –habla con la rotundidad que da a un alcalde el estrecho conocimiento de sus convecinos.

–No siembren la inquietud en el pueblo. No faltaba otra que ir levantando sospechas sobre criminales que andan sueltos –es don Salvador, llegado con los óleos y que se inclina sobre el cuerpo para una extremaunción *sub conditione*.

La llamada de Carnavales se anuncia con repique de campana mortuoria, toques largos, distanciados y profundos. Incluso las ovejas han bajado el volumen de sus esquilas y un concierto de cobres graves acongoja a la población recogida en torno a la casa de Críspulo. En la era de Mentxapea buscan los hombres el abrigo de la etxekoa de techumbre entablillada. Fuman y no hablan. Las cazadoras de ante trepadas hasta la cococha, las manos al arrimo del bolsillo. Frío, silencio, prendas oscuras en la tarde oscura. Cocean las yeguas la tierra helada y el cielo encapotado amortigua un relincho de caballería inquieta por la proximidad del vecindario.

Desde el fondo del pasillo se desliza el murmullo sombrío de una letanía. Al arropo del corro de mujeres que velan y rezan, pero no lloran, unos pocos parientes venidos de Pamplona se esfuerzan componiendo cara de circunstancias. Críspulo mira a través de los párpados cerrados. Descansa en la hechura de un ataúd sencillo, sin más ornamentación que un crucifijo de tacto rugoso. Críspulo es un muerto que lo parece –yerto, enflaquecido, cetrino–, con la barba hiriente rasgando la piel de los carrillos. Es un muerto que no deja lugar a dudas, que no despierta la falsa ilusión de creerlo vivo. Además, a Críspulo nadie lo hechará en falta y nadie se abrazará a él exigiéndole una respuesta, pidiendo que acabe la pesadilla, que se mueva y ría, que todo vuelva a ser como antes. Vivió solo y murió solo. La seriedad sobrecogida de los asistentes más tiene que ver con los pormenores trágicos que rodean su muerte que con el desgarro afectivo que deja entre los vivos.

En la jofaina y el palanganero se estanca un goteo de saliva y oraciones de viejas. La sobrecama es adamascada, húmeda, de un amarillo desvaído, con largos flecos de algodón blanco enredados entre sí. Sobreponiéndose al olor a orines de la mesilla de madera, el portarretrato de Zumalacárregui –ceño cejijunto, bigote corrido y férreo mentón sobre el duro alzacuellos del traje de gala–, parece ordenar el campo de batalla, más real aún con un muerto en la cama. Hay en la cocina una partitura del *Oriamendi* (Editado por Casa Erviti, San Sebastián). El himno carlista se sostiene en atril de chinchetas sobre la pared de cal deslucida por los muchos revoques del humo en días de aire. Fue un recordatorio primorosamente guardado en la cartera, paseado por mil trincheras. Voluntario de primera hora, amanecido el 18 de julio en la plaza del Castillo, Críspulo marchó sin avisar a nadie. Encerró en el redil las ovejas, envolvió la segur de hacer leña en un saco de arpillera para preservarla de oscas y roña, y se despidió a la francesa. Al chófer del autobús le confió: «Pasado mañana en casa, esto no dura cuatro días».

Partió convocado por un toque de trompeta que concedía honor y gloria a los sediciosos, y, en su decidida invocación a las armas, cometió el error de confundir las poderosas razones de otras generaciones carlistas echadas al monte con los turbios intereses de Mola y el fascismo español. Del frente mandó una carta alegrándose que todos estuvieran bien al recibo de la presente y dando las gracias a don Juan y don Celedonio por plantarse en la carretera e impedir que aquellos chiquillos airados de Falange, venidos de la capital –en el fondo, buena gente, créame usted–, se llevaran a los hombres de Jaurrieta, ve tú a saber con qué torcidas intenciones.

No se supo el porqué, pero a la vuelta Críspulo ya no era el mismo. Contaba con buen humor su aventura portuaria en la Barceloneta. Recién tomada la Ciudad Condal por el Ejército Nacional, y paseando en barca por el puerto, el marinero que manejaba los remos lo arrojó borda abajo por carlistón-comehostias, dicho así mismo, todo de seguido. No hubiese ido a más la cosa, si el remojón no se hubiera prolongado en espasmos y estornudos por medio barrio chino. Las putas, apenadas por la tiritona, antes de follar le preparaban una tisana caliente que le recomponía las ganas. («Aunque ganas pa´eso nunca faltaran. No vayas tú ahora a creer otra cosa –aclaraba por si acaso–. Eran muy detallistas, ni me cobraban el extra»). Dio la mojadura por bien servida en aras de su entusiasmo salvapatrias, pero no pudo ofrecer herida más vistosa a la *Causa* que aquel «hombre al agua».

Repetidas por el padre de Raquel ésas fueron las únicas memorias de guerra de Críspulo que escucharon los tres amigos. El resto desapareció tragado por una posguerra que borró la dignidad y el sentido de la convivencia a muchos *críspulos* que equivocaron las perversas motivaciones que promueven las contiendas. Críspulo no volvió a escuchar los discursos que antes lo enardecieran, y, con la tristeza de un fanático decepcionado, compartió el orgullo clandestino del vencido, sobreviviendo pesaroso a su pasada militancia entre los triunfadores. Aún más, las lenguas largas que nunca faltan lo tacharon de simpatizante del maquis.

Si no hay parientes disponibles el féretro se transporta en riguroso vecinal, es la costumbre. Cuatro mocetones lo llevan a hombros en el que es su último recorrido por el pueblo. La dirección está prevista de antemano y el paso es más firme que el habitual vagabundeo de Críspulo en vida. Dionisio y Marcelino echan una mano sujetando la caja en la rampa final. Si hubiera vuelto así del frente, con un «uniforme» de pino verde envuelto en la bandera nacional y la cruz de san Andrés bordada en plata, su nombre hubiera quedado cincelado en la placa de los Muertos por Dios y por España. Pero no, volvió vencido por las dudas y el remordimiento, apático a los ¡vivas! y sin valor para confesar el error de haber creído que aquella mortandad tuvo sentido.

El gris domina el cementerio como si la fama del lugar exigiera un decorado de ceniciento pésame. No es una impresión subjetiva. Observado con detalle se descubre que las lápidas y bordillos de piedra que rodean las tumbas son terrosas, que las cruces de metal están pintadas en titanlux negro y que los cipreses son de un verde tan oscuro que atrapa la noche entre sus hojas.

Don Salvador tiene el ademán autoritario de un papa Borgia. Chispea en sus ojos la decisión de un iluminado y se recrea en un lenguaje ceremonioso, un responso recargado como su dalmática de misa mayor. El pelo blanqueado contrasta con un rostro sanguíneo que recorre la variada gama de matices que va del txantxigorri al txungur seco. El alguacil se persigna besando la azada y un rumor de tormones vuelve al humus del que salieron. Desfilan los acompañantes del duelo arrojando puñados de tierra sobre la caja que devuelve un aullido confundido con el viento. El difunto parece reconocer ocultos propósitos de venganza en la violencia con que algún vecino impacta la madera. Se pierde el día y los montes fronterizos lucen pasadores de pino silvestre. A falta de lágrimas naturales, mechones de niebla rebelde humedecen levemente los ojos de los participantes. Las mujeres velan el rostro con mantillas como disfraz de *muxuzarko* en carnavales. El cementerio se vacía, Dionisio, de nuevo, ayuda al enterrador a amontonar la tierra sobre la fosa. Todo terminó. El polvo ha vuelto al polvo y no es preciso disimular un dolor que casi nadie comparte.

Regresamos por la senda enlodada que comunica el camposanto con el pueblo. Los hombres se arremangan los pantalones para evitar salpicones de barro; las mujeres, calzadas con zapato bajo, sortean los charcos. Una parva de chavales nos ve pasar encaramados al grueso muro de contención que frena el ímpetu de la empinada ladera. Alineados, quietos, curiosos, semejan una bandada de cuervos con las pantorrillas blancas. Esta noche y otras más, los mocetes contarán historias de miedo, cuentos de aparecidos y tumbas vacías: «¿Ya sabíais que al abuelo Quirico de Landautia se le puso el pelo blanco cuando, una noche, le llamó una voz desde la verja del cementerio y el caballo encabritado lo echó por tierra? –¿De verdad?– ¡Que me muera ahora mismo si es mentira!».

Cantarán alrededor de una vela: *Bajo una tumba se halla un difunto, el que se acerca se muere del susto. Tumba por aquííí, tumba por alláááá. Tumba, tumba, ajajajaja*! Se envalentonarán con apuestas por ver quién se atreve a pasar media hora solo en el cementerio; y, con voz lúgubre, susurrarán el terrorífico pasaje del muerto que subía las escaleras de la profanadora de su cadáver diciendo: «María, dame las asaduras que me robaste el otro día». Alguien tocará a otro por la espalda y, en un grito histérico y agudo, correrán como alma que lleva el diablo.

INFORME DEL PUESTO DE LA GUARDIA CIVIL DE OCHAGAVÍA A LA COMANDANCIA DE NAVARRA

Léase este informe como continuidad del anterior, remitido por este mismo puesto con fecha 21-12-1974

1°.– Reitero se envíe la información disponible sobre Daniel Marcilla Munárriz que ocupa plaza de maestro en la escuela de Argondoa. Ha participado en la reciente huelga y se sospecha haya podido cubrir labores de coordinación entre otros maestros de la zona. Autoridades y personas de confianza le achacan inclinaciones separatistas y socialcomunistas, y, según parece, no se priva de hacer gala de ello en público aprovechando la ascendencia que su trabajo le da sobre un sector de la población. Su inequívoca tendencia política le ha llevado a promocionar actividades de esa índole desde la propia escuela, con el recelo de las autoridades municipales y eclesiásticas que barajan la posibilidad de incoarle un expediente administrativo, para lo cual ya se han puesto en contacto con el inspector de la zona.

2°.– Se informa asimismo que se está cursando una orden de expulsión del territorio nacional, que se hará efectiva en próximas fechas, contra al súbdito francés Liberto Semberoiz Deschamps. Este sujeto se ha asentado recientemente en esta población, con domicilio habitual en la vivienda del mencionado maestro Daniel Marcilla. Desconocemos la relación preexistente entre ambos, si bien barajamos la hipótesis de que compartan vínculos ideológicos y partidarios. El tal Liberto es hijo de un maquis muerto en la asonada de noviembre de 1947, Tiburcio Semberoiz Gorría, natural de esa misma villa y hermano del alcalde del pueblo, Rodolfo Semberoiz Gorría, persona de probada adhesión al Régimen.

Según consta en documentación archivada referente a la intervención de noviembre de 1944 contra la penetración de los bandidos comunistas, el padre del aludido fue abatido en un encuentro con una patrulla del Cuerpo, más exactamente con una de las Contrapartidas Especiales creadas en aquel momento y que dependían directamente de la Comandancia. De la lectura de tales expedientes se deduce que oficiaba de guía Rodolfo Semberoiz Gorría. Fue una extraña situación el que dos hermanos se encontraran en bandos opuestos con el resultado descrito.

Posiblemente algo tengan que ver esos hechos con la presencia de Liberto Semberoiz Deschamps. La información recogida es fragmentaria y difusa. Hay un mutismo total en torno a este sujeto, y los informantes habituales dicen desconocer las causas de su presencia en el pueblo. Se ha corrido el rumor de un fuerte enfrentamiento entre el aludido y su tío, pero nada se ha podido sacar en claro. Una cierta complicidad rodea el caso, y todos los habitantes del pueblo, que saben más de lo que cuentan, parecen opinar que ciertos trapos sucios mejor ventilarlos en casa que no en la ventana de la calle, expuestos al juicio público. Ni siquiera el propio alcalde, con el que mantengo una estrecha y fluida comunicación, se ha prestado a esclarecer lo sucedido. No he considerado oportuno forzarlo a declarar por medio de una citación oficial, por respeto a su cargo y al servicio que permanentemente nos presta. Prefiero considerar el caso como un mero asunto familiar del que nos desentendemos. He intentado, no obstante, ponerme en contacto con el capitán Bernardino Hernández Torralba, que por aquellas fechas estuvo al mando de la patrulla afectada en el tiroteo, pero ha resultado infructuosa su localización. Ruego se me haga saber su actual dirección. Tal vez él pueda ampliar los datos dando a conocer algún detalle de interés para esclarecer el caso.

Sin embargo, sí he accedido a la petición del alcalde para la expulsión de Liberto Semberoiz Deschamps. Amparándome en que no ejerce trabajo alguno ni tiene carta de residencia, se le ha hecho saber que debe volver a Francia, quedando advertido que si no lo hiciera en el plazo reglamentario de dos meses, a partir de su última entrada en España, será expulsado en el término de 24 horas por el paso fronterizo de Ory-Larrau. La aprobación definitiva de la orden de expulsión está pendiente de la firma del Gobernador Civil.

3°.– Con respecto a Raquel Ibarrola Samper, copia de cuya ficha personal ya nos fue remitida desde el Servicio de Investigación Provincial del Cuerpo en abril pasado, no se ha observado un comportamiento irregular. Hace una vida regular en casa de sus padres y sólo ha recibido la visita de compañeros de Conservatorio con los que ensaya y estudia. Llama la atención, no obstante, que mantenga una estrecha relación con el maestro Daniel Marcilla sospechoso también de connivencia con grupos revolucionarios. Ni en el pueblo, ni en el valle se ha detectado actividad subversiva. No han aparecido pintadas, octavillas ni hay sospecha de que se hayan realizado reuniones ilegales. A esta pareja se ha sumado últimamente el ciudadano francés Liberto Semberoiz Deschamps sobre el que, dados los antecedentes familiares y su nacionalidad extranjera, cabe pensar haya venido con planes más concretos de intervención.

4°.– Ha complicado esta situación la muerte del paisano Críspulo Berrade Pascualena. Falleció ahogado en una pileta para lavar la ropa. Este antiguo lavadero está en desuso y su nivel de agua no supera los 50 centímetros de profundidad. No se han podido establecer las causas en que se produjo el desafortunado suceso. El informe forense que se adjunta achaca la muerte a encharcamiento de pulmones por una inmersión prolongada en agua, y recoge la presencia de una incisión profunda en el cuero cabelludo, en la zona inferior del hueso occipital. No ha podido determinarse el origen de la herida. En la exploración forense se aventura la posibilidad de haber sido golpeado, una sola vez y de manera contundente, con un palo grueso, bastón, mango de azada u objeto semejante, si bien no se descarta que el finado hubiese resbalado en las losetas húmedas golpeándose con el bordillo de la bañera central. No se ha hallado rastro de sangre en los alrededores, pero dado que la zona fue invadida por muchos vecinos antes de nuestra llegada, cualquier vestigio que hubiera desapareció borrado por el trasiego de la gente.

Esta muerte accidental (?) no sería inquietante de no concurrir elementos poco o nada casuales: la relación establecida entre Críspulo Berrade y el francés Liberto Semberoiz Deschamps, tanto más llamativa cuanto el finado era persona poco sociable en el trato con el vecindario. ¿Pudiera basarse esta relación entre ambos en la adhesión de Críspulo al ideario republicano, pese a haber luchado como voluntario en el Bando Nacional? De Críspulo, según comentarios recogidos en tertulia de mujeres a la que accidentalmente tuvo acceso la mujer del cabo Secundino Ortigosa (recuerdo que nuestros informantes habituales no han soltado prenda), se cree tuvo algo que ver en aquel encuentro con el maquis, bien como testigo, bien como parte activa. Mi propia, y no confirmada hipótesis, es que valiéndose de cierta información que poseía ha presionado al alcalde. Hasta ahí puedo aventurarme, pero no más, si no es el propio alcalde o el comandante Bernardino Hernández Torralba quienes desvelen cómo y qué ocurrió en aquel enfrentamiento de 1947.

Quedo a la orden de dar por cerrado el caso o reiniciar la investigación si se considerara oportuno.

Jefe de puesto

Capitán José Manuel Barrreiro Oliveira

Ochagavía, 23 de marzo de 1975

A Dionisio le han abandonado las musas y no halla hueco para el verso. Se le ve ensimismado, ido, abúlico perdido. Está apoyado en el murete semiderruido del huerto, comido por las hierbas y el abandono del invierno. La azada es un perro perezoso cruzado a sus pies; el terrero de castaño un tormo más del labrantío. Volvemos de un pequeño garbeo, un paseo para airear la claustrofobia del sábado, y le saludamos con un amistoso comentario sobre su evidente decaimiento.

–Razón lleváis, desansiao ando.

–Ni en el bar te vemos.

–¡Ganas tengo de musas ni de muses!

–Pues tú dirás.

–¿Yo? ¿Y qué voy a decir yo?

Acepta un pitillo que enciende a contraviento, vuelto el rostro hacia la cerca de piedras. Aspira el humo, y la brasa del cigarro prende un brillo fugaz en sus pupilas, una chispa de picardía que se evapora a una con el humo.

–Algo podría decir, pero ¿qué gano con eso?

–Aliviarte –le alentamos.

–¿Aliviarme? ¿Pasar del luto al alivio? ¿Del negro al gris? A vuestra edad, cuando se moría un pariente guardábamos luto riguroso. Al tiempo, a veces años, nos aliviábamos vistiendo de gris. La cosa era que, al ser familias grandes, se tenía muchos parientes y mucho muerto. Entre pitos y flautas nos pasábamos la vida vestidos de cucaracha –se reanima interesado en su propio recuerdo.

–Ahora también se muere la gente –le incito.

–O los mueren –redondea Raquel con su habitual rotundidad.

–Y a ti, Liberto, ¿qué te parece: se mueren o los mueren? –recoge Dionisio sin muestra de escándalo la disyuntiva de Raquel.

Liberto responde con un vago gesto de la mano que cada cual interpreta como Dios le da a entender. Nada más. El silencio se prolonga acrecentando el incómodo interrogante que flota en el aire, como si un hábil inspector de novela negra nos pusiera a prueba con sus deducciones.

–Aquí, con tanto polvo de patata, de lo que más se muere es de un *patatús*. Debieran declararlo enfermedad profesional, como la silicosis de los mineros –frivolizo, a posta, para desenredar el ovillo de cavilaciones mentales en que se ocupan mis contertulios.

–¿Te enfadas si no nos reímos o va en ello tu fama de chistoso? –es Raquel vuelta ya al mundo de los vivos.

–¿Tú y Críspulo fuisteis amigos?

–Éramos de la misma generación, él seis años mayor.

Liberto afirma con la cabeza, juguetea con varias piedrecillas que agita en el hueco de la mano, una maraca improvisada con la que lleva un ritmo constante, de pulso acelerado.

–A partir de cierta edad en los pueblos nos entremezclamos más fácilmente. En el año 42, recién cumplidos los 20, yo ya andaba en negocios con tu padre y tu tío Rodolfo –observa la mueca de disgusto de Liberto–. Te guste o no, tu tío es.

–¿Negocios de trabajo? ¿O quieres decir negocios... políticos?

–Políticos no, desde luego. Y de trabajo... según cómo se mire.

–Dionisio, habla más claro, te estás poniendo tan espeso como el cielo –Raquel señala la tarde que avanza, ganada de antemano la partida al día.

–Por aquellas fechas nos dedicábamos al contrabando, tu padre más por aventura que por necesidad. Bueno, tampoco le venía mal algo de dinero fresco y el acceso a productos que tanto escaseaban. Café, tabaco, azúcar blanco, penicilina, unas medias de seda... eran la mejor llave para abrir la puerta de ciertas alcobas –sonreímos un tanto forzados mientras Raquel comenta en voz baja:

–Y vosotros, ¿qué «puerta» teníais que abrir para que en Francia os dieran... los productos? –me admiran las finas maneras de Raquel para mandar a alguien a tomar viento fresco.

–Con las mujeres de aquí poco o nada hacíamos, que todo se sabía, pero Navarra es grande y había mucha necesidad, mucha viuda, mucha jovencita huérfana de guerra –Dionisio sale al paso del farfulleo de Raquel y cuca un ojo como un deteriorado galán de cine mudo–. La red la dirigía un tipo de Aoiz, el que apodó a tu padre Roixco, por el color del pelo sería, no sé. Era dueño de un par de casas de putas en Pamplona, en la calle Dormitalería y en Descalzos, creo.

–Y éstos, como Hermanitas de los Pobres, haciendo caridad con las mujeres, como si lo viera –Raquel sigue despotricando sin que Dionisio parezca afectado, pues prosigue como si tal.

–La organización de contrabando ya funcionaba antes de la guerra. Desde la Revolución de Asturias, en el 34, se dedicaba a pasar armas para los carlistas. Críspulo estaba metido hasta el cuello, a tu padre no le interesaba y permaneció al margen. Rodolfo y yo éramos demasiado críos para aquellos berenjenales. Por cierto, que fueron descubiertos y Críspulo permaneció escondido durante varias semanas en una cueva que hay bajo la ermita de Arburua, en la misma peña. Tu padre le llevaba noticias y algo de comer. Críspulo era un carlista convencido. De familia no le venía el fervor, era cosa suya, de leer *El Pensamiento Navarro* que le guardaban en el Casino. Se los pasaban con retraso de semanas pero para los efectos, tanto daba. No creáis, hasta que llegó el transistor a pilas algunos pastores fueron buenos lectores.

Hace un alto en la narración y aplasta el pitillo con el borceguí que calza para trabajar la huerta. Tal vez esté reordenando sus recuerdos, tal vez valore la conveniencia de hacernos partícipes de una historia que hasta ahora ha preservado ajena a cualquier testigo. Se pasa el dorso de la mano por la boca antes de reanudar el relato.

–Ni que decir tiene que durante la guerra dejó de funcionar. Al tiempo de terminar la contienda, el Patrón, como le decíamos al estraperlista, apareció de nuevo, y Críspulo, o tu padre, debieron pensar que ya no éramos tan mocosos. Rodolfo y yo nos liamos en el contrabando. Conocíamos bien los pasos de frontera, éramos jóvenes y estábamos fuertes. El trabajo era expuesto pero dejaba dinero fácil. ¿Qué más podías pedir? Los cuatro trabajábamos conjuntamente, por parejas. Rodolfo y yo éramos unos echaos p'alante y siempre andábamos arriesgando para desespero de los otros. Así pues, era más difícil ponernos de acuerdo que a dos parejas de gaiteros.

La voz de Dionisio se adelgaza como el pan cortado para hacer migas: tersa y fina. Apenas un susurro sobre los ruidos de la noche que brotan crecidos en derredor. Nos agrupamos buscando cobijar su historia, su voz, su palabra para que el viento que la tarde-noche ha levantado no las apague, no se las lleve en un descuido.

–Tu padre tenía espíritu aventurero e ideas avanzadas. No me digas de dónde las sacaba, pero así era. Una vez tuvo que intervenir el Patrón, que estaba en buenas relaciones con las autoridades, para sacarlo de un lío con un comisario de policía. En una de las casas de citas, un burdel, un puticlú de ahora, a la que ocasionalmente nos invitaba el jefe, se puso a cantar el *Caralsol* mientras desfilaba por las habitaciones, con un par de chicas colgadas de su cintura, obligando a los clientes a que saludaran, pito enhiesto, el himno falangista. Dos copas de más y el capón se vuelve gallo. Fue un escándalo. Y más escándalo hubo cuando, en una entrada intempestiva a uno de los cuartos, encontró al comisario con una chica esposada al cabecero de la cama. Al policía aquel no le hizo ni pizca de gracia que le pillaran en faena, haciendo uso y abuso particular del juego de esposas oficial. Y contento que la cosa acabara ahí, si no aún estaba picando piedra en el Valle de los Caídos o en el puerto de Igal. ¿O no sabíais que esa carretera que va de Salazar a Roncal la hicieron los presos republicanos? No lo olvidéis, y al pasar por ella recordad que el asfalto que pisáis está mezclado con sangre y lágrimas. Como esos caminos que llevaban a las cámaras de gas en los campos nazis, enlosados con lápidas de cementerios judíos para que las víctimas profanaran en su último y obligado paseo el nombre de sus antepasados.

Las viejas historias se dejan escuchar. Dionisio es un buen narrador y adorna el relato con pinceladas anecdóticas que ponen un contrapunto sonriente en el auditorio. Es su estilo de versificador popular, de poeta de taberna.

–¡Vaya con la banda! –la ironía es de Raquel, puntillosa con cualquier referencia a los viriles gallitos y sus «éxitos» con el mujerío.

–Éramos unos inconscientes, pero tampoco hacíamos mal a nadie: total, pasar cuatro mantelerías, unas puntillas y divertirnos un poco.

–¡Menuda tenemos con la sucursal montañesa del imperio del crimen! –de nuevo la conciencia feminista.

–Nada más lejos de ser unos gánsteres como aquel de Leiza que estuvo de chófer con Al Capone. Aunque algo de imperio del crimen sí que hubo.

Dionisio es consciente del interés que la palabra crimen iba a suscitarnos, por eso la ha remarcado, silabeándola casi, y, luego, se ha callado provocando una contenida expectación. De sus labios cerrados parece manar un ininterrumpido «crimen sí hubo, crimen sí hubo, crimen sí hubo».

–¿A qué imperio del crimen te refieres? –saltamos los tres quitándonos la palabra de la boca.

–En la primavera del 43, tu padre y otros dos de Esparza ayudaron a pasar la frontera a varias personas que escapaban de los alemanes: algún judío y un par de aviadores aliados derribados en Francia y, que con la ayuda de la Resistencia, habían llegado hasta la zona vasco-francesa. No sabría decir por qué se metió Tiburcio en esos enredos. Nadie exteriorizaba sus ideas políticas y menos iba a andar voceando asuntos tan delicados. Sus andanzas de buen samaritano acabaron pronto. Fue detenido, se dijo que denunciado, y, tras un durísimo interrogatorio en el cuartel, engañó a los guardias diciéndoles que tenía escondido un alijo de armas cerca de Pikatua. Lo condujeron y, allí mismo, se les escapó. Hecho un guiñapo se largó en sus propias narices.

–Realmente era un aventurero –silba admirada Raquel.

–¿No se supo quién fue el chivato? –se inquieta Liberto.

–La maldad del ignorante nunca es culpable –rescata Dionisio del olvido aquella mañana de hierro y temblor en Pikatua.

–Ninguna maldad es inocente –pensamos todos.

–Tras unos segundos en que su mirada incisiva se ha clavado retadora en los ojos de Liberto, Dionisio recupera el relato–. Nosotros seguíamos a lo nuestro, contrabandeando. La liberación de Francia y la presencia de los americanos facilitó muchísimo la obtención de nuevos productos. De pronto nos ofertaban de todo: chocolate, leche condensada, cuchillas de afeitar, bicicletas... Pasábamos todo lo imaginable. Penicilina, sobre todo penicilina y material médico de cirugía. Hasta setiembre del 44 nada supimos de Tiburcio. Por aquellas fechas, y por medio de un roncalés, llegó una carta a Rodolfo quien sólo nos comunicó que se encontraba bien y que había participado en la guerra mundial en un batallón formado por republicanos exiliados. ¡Para rato iba a imaginarme entonces en qué circunstancias volvería a verlo!

–¿Estuviste con mi padre? –Liberto se altera. Dos meses de estancia aquí y, cuando apenas falta una semana para que venza el plazo de vuelta a Francia, adivina que todo se precipita, que está a punto de enfrentarse a la resolución de su misterio familiar.

–Hacia el verano del 44, el Patrón nos pidió que en los viajes al sur de Francia lleváramos a cabo una serie de reconocimientos. Ante nuestras reticencias dijo que la Guardia Civil lo tenía cogido por los huevos. «Aquello o todos a la cárcel por contrabando», le habían amenazado. Incluso habló de multas y confiscación de bienes. Nos pusimos a la labor, pero poca cosa pudimos hacer: nuestros proveedores habituales confirmaban la presencia de españoles exiliados en la zona, detectaron un tráfico intenso de gente y de armas (estas últimas nadie las veía, pero todos aseguraban que estaban allí). Recogimos rumores sobre la preparación de algo gordo y poco más. Traíamos y llevábamos sobres utilizando como buzón una casa de Larrañe. Inclusive nos desplazábamos hasta Mauleón con parecidos cometidos.

–¿Y entre espionaje y espionaje te encontraste con mi padre?

–Éramos más recadistas que espías. No, a Tiburcio sólo lo vi muerto. Antes olvidaré el día de mi nacimiento que ese venticuatro de octubre del 44. Vestía unas botas de campaña que la Guardia Civil identificó del ejército americano, pantalón y guerrera militar con boina negra, y una franja roja cosida en la manga izquierda. El aspecto de un muerto nunca es bueno, pero Tiburcio parecía relajado, sonriente incluso, más gordo de lo que yo recordaba.

–¿Lo mató su hermano?

–¿Fue una emboscada?

–Dos días antes de aquel encuentro Rodolfo vino a buscarme. Nervioso y huidizo en las explicaciones, dijo que se nos había encomendado una delicada misión: guiar y cubrir a una patrulla de guardias civiles cuyo objetivo era eliminar a un alto jefe del maquis que pensaba penetrar en territorio nacional por el paso de Ori. Sería fácilmente identificable por un brazalete rojo. Mi cometido era actuar de francotirador para garantizar su muerte y evitar que en la confusión del encuentro pudiera huir hacia Francia. Pregunté si la orden venía a través del Patrón del estraperlo o de la partida que Amadeo Marco había organizado en la zona con la idea de colaborar con el Ejército y Guardia Civil contra la invasión comunista. Se me hacía extraño que un trabajo de esa envergadura se encargara a unos simples paisanos. Ante mi insistencia en querer hablar directamente con quien había transmitido la orden, me acalló aludiendo al carácter secreto del encargo.

–¿Tú lo mataste? –se horroriza Raquel.

La pregunta queda suspendida en las ramas desnudas de los manzanos del huerto. Tiesa como brote nuevo, brillante como una yema recién aflorada entre la escasa hojarasca ennegrecida del pasado verano, inmóvil en la espera. Dionisio no se da prisa en contestar. Maneja los silencios con la misma habilidad que las palabras. Como un buen músico sabe que una melodía es la exacta y sabia combinación de sonido y silencio. Y él quiere componer la partitura a su ritmo, con su propio tiempo.

–Subí de víspera y me acomodé en un punto previamente establecido de Koixta. Allá, en la soledad de la noche, mis dudas eran mayores. Una misión de tal calibre y ni siquiera me había proporcionado un arma adecuada. Sólo contaba con mi escopeta de caza. Era extraño, pero no tenía motivos para sospechar de Rodolfo. El avistamiento estaba previsto para las primeras luces del alba. Tenía las manos ateridas y dudaba que en esas condiciones pudiera manejar con pulso firme la escopeta. Veinte minutos después de la hora convenida los vi avanzar, en línea recta, distanciados unos metros entre sí. Al frente, un hombre que parecía desenvolverse con seguridad en el terreno. Una tela roja en el antebrazo: ¡mi blanco! ¿Iba a dispararle así, sin más? ¿Dónde estaba la patrulla de la Guardia Civil? ¿Dónde estaba Rodolfo? ¿Quién me cubriría a mí cuando empezara el baile? Miré alrededor forzando la vista. Nada, ni el menor rastro. Los maquis se acercaban. A través de la mirilla se me hizo alguien familiar. ¡Qué tontería! Apuntaba aquel trapo rojo sin saber todavía si me atrevería a disparar, cuando una voz conocida resonó a mis espaldas: «¡No pensarás hacerlo! ¿No ves que es Tiburcio?». Críspulo no tuvo tiempo de añadir nada más. Un furioso tiroteo se elevó desde el borde de un pequeño hayedo que envolvía la barrancada por la que se acercaban los guerrilleros. Para qué engañaros: hundí la cabeza en tierra y con los dientes traté de excavar un agujero en que enterrarme. Críspulo, acostumbrado al frente, seguía los pormenores del encuentro como un general fogueado en mil batallas, sólo le faltaba una silla y una mesa de campaña cubierta de mapas. Eso fue todo. El balance, cuatro maquis muertos, tres prisioneros y varios más huidos. El único muerto al que podíamos llorar era Tiburcio. ¡Jodido Roixco, mira que acabar así!

–Si tú no fuiste, ¿quién lo mató? –Liberto necesita una respuesta con nombre propio, un nombre que pertenezca a un rostro de rasgos precisos. No lo quiere para vaciar contra él su pasión fatigada o el rencor acumulado en la incertidumbre de tan larga espera. Nada va a exigirle. Si el asesino fuera capaz de sostenerle la mirada frente a frente saldaría su deuda. La voz fugitiva de Dionisio le regatea esa respuesta que ponga fin a la áspera duda que le atormenta desde la infancia:

–Él luchaba por la Libertad, pero no sólo lo mató la Dictadura. También lo asesinó la ambición y la envidia. Estoy seguro.

De noche, los ruidos habituales del día se tornan desconcertantes: el río abre sus aguas en la presa como una cortina de plata que no acabara de descorrerse, los neumáticos de los coches frotan el asfalto mojado, la tensión de los cables de luz emite un irritante canto de insecto friccionando sus alas eléctricas. Esta noche la voz de Dionisio también es desconcertante y antigua. Un eco del ayer que guarda intacto el pasado como un fósil envuelto en ámbar.

–Vamos a casa. Es tarde y hace frío –Dionisio se restriega las manos en las perneras del pantalón como si el relato hubiese ensuciado sus palmas encallecidas. Recoge la azada y el terrero. Se aleja sin despedirse. Críspulo nunca fue el mismo desde que volvió de la guerra, Dionisio no lo será a partir de hoy. Las lágrimas oxidan el alma, los recuerdos mineralizan su corazón.

La noche ha encapotado el cielo. Un puñado de estrellas parpadea como cigarrillos encendidos por algún espíritu que hubiera escuchado atento el secreto devenir del odio y de la vida, y los hubiera olvidado, sin fumar, en el firmamento apesadumbrado. Oscuridad. Silencio. Un vacío aturdido y húmedo. Un mutismo abatido.

Zu zamari, ni euli
nik ipurdian ozka
zuk laster iten.

«Cómo se le quería a don Julián en este pueblo, y él estaba encantado. No fuera malo otro maestro como aquel. Tenía una bigornia y una fuxina para todo. ¡Uy, menuda pena le dio tener que irse! Pero ya se sabe, cosas del Magisterio. Era muy listo y se lo llevaron a Pamplona. Es tontería, en todos los sitios quieren lo mejor. ¡Cuánto le habría penado a aquel hombre irse de aquí!».

Han estado las mujeres, doña Perfecta al frente, quitando el polvo del aula, espolinando los techos con largas escobas envueltas en tela, limpiando en los cristales las huellas tatuadas de dedos y labios, sacando brillo al cemento del porche con gurpias hechas de brezo y menta.

–Por mucho que se empeñe usted en que lo hagan los niños, a estos armarios les conviene una limpieza a fondo –insiste.

–Que no, mujer, que así es más que suficiente.

Y como don Julián les dejaba hacer sin tanta pega, se salen con la suya.

–No hay año que don Julián no haga su visitica, y la gente

menuda cómo es. Ya se puede ir bien contento, ya. No tendrá queja ni podrá decir que lo hemos olvidado. Recto y serio, muy bueno, eh, muy preparado. A decir verdad, siempre hemos tenido suerte con los maestros. Y es que, amigo, también se les sabe cuidar –sonríe cómplice.

–¿Se habría ido porque quiso, no?

– ¡Qué va, qué va! Lo llamaron para darle un puesto muy importante. Era un hombre con mucho remango. Como valía tanto se empeñaron y no pararon hasta tenerlo allá.

Habrá quien diga que no debí permitir se me llamara Daniel a secas, sin los introitos obligatorios que da un «don». Demasiada familiaridad vulgariza al mago transmisor de la cultura. Los maestros rancios aconsejan mantener distancias con la gente. Los maestros de la vieja escuela creen que es un error descubrir el punto flaco de tu poder; es decir, que en realidad no sabes nada, que hablas de oídas, de observar sus vidas, que sólo interpretas su vivencia cotidiana. ¿Qué otra cosa debe enseñar la escuela salvo la vida? El resto es superchería académica, discurso de sabelotodo, tesina de psicopedagogo obligado a justificar la beca sustanciosa de alguna fundación.

Es evidente que los he desconcertado. La escuela para ellos es el dos más dos son cuatro. Nunca la zozobra, el experimento, la inquietud. No se puede admitir, así de pronto, que venerar al maestro ha sido servidumbre inmerecida, que los únicos depositarios de experiencia son ellos. No se puede recurrir a uno cualquiera que pasa por la puerta, y pedirle que hable de cosechas o de oficios olvidados. Lo que en principio toman por halago, deviene en desconfianza hacia tus propios conocimientos. «¿Qué enseñará éste en la escuela?». Sospechan de mi inutilidad profesional. De un maestro se necesita proclamar su eficacia, su preparación. A fin de cuentas es un bien comunal, una inversión, un orgullo público para el pueblo.

La culpa es tuya. Un recién llegado, un «pamplonica, culobirika», que me dicen los chavales. ¿Quién te manda, maestrillo engreído, sentirte redentor en estas brumosidades pirenaicas? ¿Qué entiendes tú, prófugo del asfalto, del lento crecer de sus montañas? Para colmo no acepté los presentes, la morcilla envuelta en hojas de berza, el chorizo curado en casa, las puskas del matacherri. Y así es imposible asentar una reciprocidad de deudas y obligaciones, de compromisos e interdependencias viciadas de antemano. Así no hay forma de reafirmar las jerarquías y escalafones que reproducen los valores inmutables en que nos educaron. Es la seguridad autoritaria de la tradición, la garantía de lo conocido, de lo que siempre se ha hecho frente al incómodo igualitarismo del nuevo «desorden» social; es el vértigo al vacío del cambio de papeles; la pereza ideológica para asumir nuevas responsabilidades; la incomodidad de adaptarse a un mundo más horizontal. Acostumbrados como estamos a mirar constantemente hacia arriba, hacia el Poder, aprender a mirar hacia otra parte produce tortícolis.

Desde que Liberto se despidió de nosotros –de mí con dos besos en la mejilla, de Raquel con uno, profundo y en la boca–, frecuento más la taberna. La casa me deprime, destartalada y solitaria; y Raquel me evita, amontonando hojas verdes sobre los rescoldos de un amor que yo trato de avivar. De la combinación de mis soplos y su hojarasca se produce más humo que brasa. Un humo fuerte y picante enturbia nuestras miradas, antaño transparentes y confiadas. Creía que el paso de los días difuminaría el recuerdo de Liberto igual que los chavales van olvidando el *Frère Jacques, dormez vous* que les enseñó a cantar en un ruidoso canon de criminal pronunciación. Pero Liberto se interpone entre nosotros como un muro invisible construido por nuestro empeño en zaherirnos. Invisible, pero tan presente como su foto en la Torre Eiffel que dejó como recuerdo el día que los chavales tuvieron clase de francés con un nativo, una especie de festival de Eurovisión para EGB, con mucho ¡*Olala, güimesié, c'est magnifique*!

El Catastral dirá lo que quiera, pero en la sociología diaria los límites del pueblo los marcan los bares. Dos mojones fronterizos para el paseo del domingo y el piscolabis diario del poteo de la gente «pocapaja», de los altxaperros (una manera diplomática de nombrar a quien no vive del campo, el bosque o el ganado). Yo soy, pues, otro altxaperro, otro improductivo cuello blanco de manos nada trabajadas, gente más bien poco fiable, que nunca será admitida como uno de los suyos. Desde el bar de Julio al bar Este hay un recorrido memorizado, una senda de elefantes que en la borrachera más desorientada se puede seguir dejándose guiar por el instinto. El bar Este es la desafortunada traducción del nombre original del solar, Ekialde. Con retranca aldeana los bebedores se juegan a los chinos dónde echar el arranque y tirar para casa, si en Este o en aquél.

El bar Este es la galería de un museo de ciencias naturales aromatizada con formol. Trofeos de safari menor recorren la pared: una cabeza de jabalí y otra de ciervo, una foina, una marta, dos ardillas de cola erguida sosteniendo una nuez que ya nunca podrán comer. Se disecan los animales imitando un gesto natural que no disimula su rigidez cadavérica. A los pobres bichos les vacían los ojos sustituyéndolos por una inexpresiva mirada de cristal. Los taxidermistas saben que en sus retinas se grabó para siempre la última imagen que vieron, la del cazador que hizo el postrer disparo. ¿Quién puede vivir tranquilo contemplando su propia visión en los ojos acusadores de su víctima? Hay fotos de cazadores, una cuadrilla con siete jabalíes tendidos a sus pies; en otra, tres jóvenes sostienen la cabeza de un ciervo de cornamenta respetable. Los cazadores no sonríen en las fotos, o si lo hacen es una mueca forzada, conscientes de que la muerte, aunque disfrazada de deporte, nunca podrá ser divertida. Hay también imágenes enmarcadas del calendario de la Caja de Ahorros y pósteres de Información y Turismo con la máxima publicitaria, *España es diferente*. Seguro que lo es, no tengo duda.

Los 11 años de Itziar no le impiden echar una mano en los quehaceres del negocio. Sirve cacahuetes para acompañar el vino, lleva bocadillos de la cocina a la barra, rellena cajas con los cascos vacíos o va a buscar la baraja y el tapete que le reclaman los jugadores de subastado. El bar languidece en días de labor, se anima los fines de semana y conoce su momento de gloria en las fiestas patronales. En julio y agosto hospeda veraneantes. Viajeros que cayeron casualmente y vuelven cada temporada para recibir un trato más propio de parientes en visita que de clientes de ocasión. Como todos los niños de bar tiene Itziar ojos pitirriquis, mirada de luz de neón, boca grande, entreabierta, con asombro de aparato de televisión permanentemente encendido. Su pelo huele a nenuco y frito de gambas. Inclinada sobre la mesa de formica, de rodillas sobre la silla, construye barcos y pajaritas con las servilletas de papel.

–¿Qué haces, Itziar?

–Nada.

–Algo harás. Pajaritas por lo que veo.

–No es nada –y las arruga en un bolo que va a parar al suelo.

–¿Quién te ha enseñado?

–Él.

En la mesa vecina se levanta ceremonioso un desconocido, camisa blanca sin corbata, chaqueta americana y pantalón de tergal junto a una maleta enorme y un muestrario. Viajante. Por tanto, hablador y extrovertido.

–Llevo de todo un poco, principalmente juegos de cama y mesa, mantelerías y colchas. Trabajo para Confecciones Ciga de Pamplona, en la plaza del Ayuntamiento, esquina con Zapatería.

–Eh, Daniel, éste es como tú –nos presenta Severiano.

–¿Maestro?

–No, vasco. Con él podrás hablar en vasco.

Severiano Jacoisti, el padre de Itziar, nos pone unos vinos y un plato de aceitunas que no hemos pedido.

–Severiano me conoce bien –guiña un ojo el viajante–. Que no falten aceitunas con hueso. Para mí, que vivo de hablar, darle vueltas a los huesos me relaja el paladar y la lengua. Además, el hueso de aceituna va soltando su propio jugo, un aceite que cicatriza la irritación de garganta.

–Hablad algo, que os oigamos.

–*Euskaldun haiz hi ere? Koño, paraje hauetan zaila duk euskeraz egitea. Adineko baten batek bazekik, eta kosta ahala kosta, elkar entelegatzea lortu izaten diagu. Otsagiko Luis Cambra eta Espartzako sekretarioa ederki mintzo dituk* –me da la alternativa el viajante.

–*Apur bat hitz egiten dut. Euskaldun berria naiz.*

–*Hori meritoa duana, gizona. Eta non ikasi duk ba?*

–*Gorritin, bost hilabetez egon nintzen.*

–Joder, si esto parece las bilguas de antes en casa Txabalkoa, todo en vasco –aplauden o ironizan desde la barra, ellos sabrán.

Supe del euskera en los Escolapios. Cantaba en la escolanía, fui un tiple de voz aflautada y quebradiza que los excesos dejaron con afonía crónica y saltos de octava incontrolables. San Miguel ocupa en el escalafón arquitectónico del colegio el punto más alto de la torre que da a la Plaza de Toros. La devoción al Ángel no era capricho de una visita anual, los padres escolapios daban testimonio de él durante todo el año y lo recibían con función de día grande: *Mikel, Mikel, Mikel gurea, zaizu beti Euskalerria*. Cantábamos en euskera, pero, ni qué decir tiene que, para mí, aquel galimatías era el mismo latín de otras canciones que entonábamos vestidos de pueblo judío en la procesión de Semana Santa: *Israel est tu rex, Davidis... Gloria, laus et honor tibi sit.* Era pequeño y no entendía ni las misas ni a los militares que daban órdenes en la jura de bandera de mi hermano comiéndose la mitad de las palabras. De los militares apreciaba las exhibiciones de hípica que hacían en el picadero del Tenis, detrás de los Caídos. Unas jornadas de lo más vistosas, abiertas al público en los meses de buen tiempo. En eso los militares estaban bien. Su facilidad de palabra era otra cosa muy distinta. A mí me producía risa oírles mandar, pero por el motivo que fuera mi sentido del humor no lo compartían mis padres, y me hacían callar con la nerviosa amenaza de un cachete. Los mayores les tenían mucho respeto a los militares. Seguramente era envidia por los caballos que montaban, pensaba entonces.

Más tarde, en el Seminario, me colaba en las pláticas de euskera que don Martín Azpiroz organizaba con los seminaristas vascoparlantes, y, queriendo pasar inadvertido en el último banco de la fila, me ensoñaba feliz, sin entender absolutamente nada, pero sabiendo que gozaba del privilegio de asistir a una reencarnación del día de Pentecostés en que lenguas de fuego se posaron en la cabeza de los apóstoles dotándoles del talento de entender y expresarse en muy diversos idiomas.

Con quince años me escurría por la calle Curia hasta la Escuela de Empresariales. El aula era inmensa, forrada de madera, con una lámpara triste que no alcanzaba a disipar la envolvente penumbra. Sería fácil construir imágenes literarias que equipararan la penosa luminaria en que se impartían aquellas clases con la propia situación de la lengua vasca, del país y de la sociedad postrada por la chulería del Régimen. Don Pedro Ilurdoz, un sacerdote vascófilo, combatía nuestro estado de ánimo sin percatarse de que éramos una decena de jóvenes que no estaba dispuesta a vivir siempre en la oscuridad y que los años sombríos que a él le habían malherido, para nosotros ya era agua pasada. Siguiendo la consigna de Xabier Lete, nos juramentamos a no cortarnos la barba hasta ver el euskera a salvo, *Euskera salbo ikusi arte ez dut moztuko bizarra*.

El Eusko Bazterra y la iglesia de las Carmelitas Descalzas comparten el callejón de Sal Si Puedes, en la plazuela de San José. En el primero, templé mi vasquismo civil y, acudía al segundo, más agnóstico que otra cosa, a las misas dominicales en euskera, por hacer oído, por hacer bulto, por hacer patria. El nombre de la brevísima calleja describía con precisión la realidad del vascuence acorralado en aquellos dos reducidos remansos. Eusko Bazterra y el templo de las Carmelitas eran mínimas en bajadas de asilo lingüístico a la sombra de la Catedral, en cuyas naves se hablaba con Dios en lenguas más teologales.

Otro cura me acogió en su casa cuatro años más tarde. Jon Arrizibita, párroco de Gorriti, me presentó a los vecinos intercalando en el sermón mi tarjeta de visita. Supongo que les habría dicho que me aguantaran, que tuvieran paciencia, que era de Pamplona y quería aprender vasco. A la salida de la iglesia oí decir: *Hau frantsesa dek*. Y con la duda biográfica a mis espaldas permanecí cinco meses dando de comer en la mano a los vientos de Archano, que son muy mansos si se les habla en vascuence.

En Gorriti están acostumbrados al trato del cura con gente desconocida, jóvenes sobre todo. Con Jon Arrizibita tiene una especial fijación el Arzobispado y la policía. Ambas instituciones son plagas bíblicas enviadas por Dios para probar la fortaleza de los fieles y ciudadanos en general. El poder temporal y el espiritual se hacen uno para vigilarnos, como en la Santa Alianza del Sacro Imperio Románico-Germánico. Felizmente, el darwinismo también influye en la evolución de los obispos, y algunos ya no son tan abiertamente ultraconservadores y opuestos al progreso industrial como aquel Enrique Delgado Gómez, cuya intervención fue decisiva para desviar una importante fábrica a Vitoria, o tan hipocondríaco, timorato y apocado como José Méndez, permanentemente desbordado por las nuevas exigencias. Incluso ha sido obispo auxiliar monseñor Larrauri que, dado el panorama, él solo constituye un sínodo de esperanza. El párroco Arrizibita, tenaz y comprometido, combina sus quehaceres pastorales con el trabajo laboral y social. La autoridad civil lo confinó al Monasterio de Leire y predicaba en euskera a las naves de piedra desnuda. Y, en su destierro en Marcilla, leía el evangelio en euskera, en la capilla de la Azucarera, para la única familia euskaldun del pueblo. Para un sacerdote entregado todo es tierra de misión. Arrizibita me dejaba a mi aire, suponiendo que echaría una mano a la gente en sus labores y ellos me lo pagarían hablando en euskera, despacio y con buena letra. Ése fue el trato.

Llevaba tres meses en Gorriti, cuando el amo de casa Taula, aficionado a la trucha, me ametralló a unas doscientas sílabas por segundo (en ocasiones olvidaban el rigor didáctico y se embalaban. Era comprensible). Traducido, dijo más o menos: «Hoy es buen día para pescar. Vete a coger unas lombrices (*zizare*)». En mi desestructurado euskera entendí que me mandaba a por setas (*ziza*). Bien, pues dicho a velocidad de un vascongado con decenas de generaciones vascohablantes a sus espaldas, sencillamente suena igual; *ziza* que *zizare*. si no, que venga José María Satrustegi y lo compruebe. Yo, ajeno a sutilezas semánticas, lo mismo me daba Arre que Oricain, y le pedí me diera algo para guardar las lombrices. Ante la lata vacía de pimientos, le dije en mi euskera macarrónico, ayudándome con más señas y gestos que en un mus zafio: «Hombre, con eso no tengo ni para empezar. Si con un par de *zizas* ya está lleno. Dame algo grande, una cesta o así». Y aquel hombre, sin rechistar me la trajo. Pensaría que el dichoso *batua* que yo utilizaba era mucho euskera y las lombrices, en consecuencia, de a metro. El descojono debe durar todavía. El amo de casa Taula seguirá pensando: «*Frantsesa hauek erotuta daude*».

«G*arizuma luzerik, berrogei egun justorik*». Larga Cuaresma, larga de cuarenta días cantó Javiera Gorri de Ezcaroz al capuchino Azkue cuando, en el primer tercio del siglo, recorría hasta el último caserío de Euskal Herria recopilando su monumental cancionero. Larga Cuaresma, larga de cuarenta días, en el ya largo invierno montañés. Larga Cuaresma en la que Guridi basó la composición de su *Religiosa*, la tercera de las diez melodías vascas. Larga Cuaresma y largo Vía Crucis para quien falto de costumbre no se acomode a llevar el paso de la Crucifixión.

Finalmente se cerró el ciclo, el *consumatum est*. Rodolfo ha ganado la apuesta y su Corporación ha alcanzado la mayoría necesaria para acabar con «el problema». Debo soportar el peso de un martirio llamado maledicencia. Debo admitirlo como una condena, hacerlo mío como un novenario prometido. A la calumnia oficial le dicen acuerdo plenario. La infamia se inscribe en el libro de actas y se expone públicamente.

Apilaba leñas para el fuego en el txakurtegi cuando el *deogracias* de un chiquillo timbreó en la puerta de entrada. Era Rubén, el hijo de Segundo, el alguacil. Alguacil, sacristán, esquilador, molinero y encargado del pequeño salto de agua que abastece de luz eléctrica a la línea del pueblo. El hombre orquesta de Argondoa.

–Que dice el aita que vayas a la alcaldía ahora mismo –galopan las palabras memorizadas en la sofocante carrera desde el otro extremo del pueblo.

–Me cambio y voy.

–Que te des prisa.

Los narcisos, enterrados en octubre en las jardineras de la escuela, asoman tardanos su promesa amarilla. La primavera se inquieta, pero en las calles, un reguero de cera goteado por las velas y hachones de la procesión de Viernes Santo culebrea hasta la Casa Consistorial. Siguiendo su rastro no hay pérdida posible. Una cuadrilla de mocetes juega con bizkorres y kankanos contra la tapia del campo de Garardoia. Las rudimentarias piezas confeccionadas con huesos de cordero chocan entre sí con ruido seco. Tras la cuesta de Karrikamearra está la Casa de la Villa, nombre que despierta ecos de comunalismo afrancesado, aunque en este país, dos siglos después de Voltaire, la influencia de la Ilustración apenas se deje sentir.

El Ayuntamiento ocupa el segundo piso de una casona blasonada con las armas del Valle. No me tengo por impresionable, pero al contemplar el escudo de la clave de entrada – un cordero atravesado en las fauces del lobo– no puedo evitar un revolcón agorero. Leer ciertos signos es atraerse la calamidad, y yo me demoro en la meditación de un infortunio anunciado. Al sobrepasar el elevado tranco del portalón, pierdo el equilibrio y casi caigo. No valgo ni para mí. «Vaya con cuidado», me dice con doble intención doña Perfecta cuya casa hace etxekarte con el edificio municipal.

El pasado enero visité el Ayuntamiento guiado por la mano del secretario. Fuimos compañeros de Seminario y pasamos juntos la reválida de Preu. Nos examinaban en Zaragoza y era tradición estudiantil endulzar aquel mal trago con la obligada visita a un cabaré. En el mítico Plata, café de artistas cupleteras en desguace, se citaba un «público selecto» de estudiantes, chortas y jubilados dispuestos a disparar a todo lo que se moviera en el escenario, sin respetar ni al pianista. Allí fue la última vez que coincidimos y no habíamos vuelto a vernos en los últimos años. Aprovechando las vacaciones de Navidad, hicimos memoria de juventud mientras me instruía sobre los avatares del edificio y el pequeño legado bibliográfico que atesora. Me informó profusamente sobre la actual Casa de la Villa incendiada a la muerte de su último inquilino. Durante el velatorio, cayó, en la zaleja que cubría al difunto, una vela que prendió la cama e hizo arder como la yesca el reseco entramado de madera y la cubierta techada de tablilla. El último palaciano que la había saqueado en vida no pudo resistir la tentación de llevársela consigo en la muerte. Digo saqueó, pues su extensa biblioteca sirvió para envolver pescado que su dueño, rentista venido a menos, vendía por los pueblos. Hermosos volúmenes de lomo encuadernado y doradas cantoneras sirvieron para envolver los ojos atónitos de sardinas frescas. Cuidados libros de viajes, un tesoro para cualquier librero de viejo, apestaban a tufarro de bacalao seco y salado. Grabados de farmacopea y usos medicinales de plantas, litografías y dibujos al carboncillo copiados al natural por expediciones científicas alemanas e inglesas pasaron de ilustrar libros a envolver escamas de chicharro. A lo mejor, barrunto, algunas de las estampas que decoran el sabayao de Raquel son restos de aquel naufragio, y toma por copias lo que es un original.

«Y a ti, que te va lo vasco –lo dijo bajando la voz, como si temiera ser oído–, te gustará saber que hay ediciones decimonónicas de libros religiosos. Y sobre todo, sermones y catecismos manuscritos por curas que estuvieron al frente de esta parroquia. Son de gran valor para el estudio del dialecto salacenco. Algunos ejemplares se salvaron y reposan en los anaqueles de la farmacia de Ochagavía o de casa Ezpeldoi en Argondoa. De los textos en euskera sólo se conservan los facsímiles. Los originales hace años que los recogió Príncipe de Viana y dormirán el sueño de los justos en los sótanos del Archivo General. Lo que hay, puedes examinarlo, te garantizo el disfrute».

En la pequeña secretaría, el alcalde y dos concejales consultan distraídamente expedientes por reclamación de tierras, litigios de mugas traspasadas y ocupación ilegal de fincas. Esta mañana el secretario, distante y tenso me hace un saludo aséptico y rutinario. Él es un profesional, ya me previno en su día.

–Vamos directamente al salón de plenos –ordena Rodolfo, indiferente a mi presencia y fiel a su estilo autoritario.

Por esta alcaldía no pasan democracias ni dictaduras. Rodolfo se renueva a sí mismo en el cargo desde hace 23 años. Permanece apegado a la vara de mando, impertérrito, ajeno a vaivenes ministeriales, crisis de gobierno o cambios de gabinete. Aquí no hay sectores opusdeístas, tecnócratas de nuevo cuño, falangistas de la vieja guardia, nostálgicos de la autarquía, trepas del Movimiento, liberales emboscados. Aquí existe Amadeo Marco y, por delegación, Rodolfo Semberoiz Gorría. Ordeñada la riqueza forestal, los presupuestos municipales siempre dan saldo positivo. Prácticamente no existen inversiones y es imposible cerrar con déficit el año. Parte del dinero se entierra en carretiles, y lo recaudado en el común del Valle se reparte entre los vecinos que no quieren renunciar al maná de un dinero caído del cielo. Defienden el prorrateo, tanto por casa y tanto por vecino, antes que la inversión en proyectos globales de interés general.

El alcalde abre la reunión sin formalismo alguno. Están todos los concejales menos Marcelino.

–Debido a los problemas surgidos con su manera de llevar la escuela... –inicia Rodolfo la salva de un fogueo dialéctico que hiere tanto como el fuego real.

–¿Que yo he creado problemas en la escuela?

–No se le ha dado permiso para intervenir, ni siquiera está previsto que lo haga. Limítese a escuchar el acuerdo tomado por el Consistorio.

–Esto es absolutamente irregular –me dirijo al secretario que se inhibe con un imperceptible movimiento de hombros. Si le gusta o no tomar parte en esta farsa quedará en el secreto del Sumario.

–Es perfectamente legal. No es un encuentro oficial. Digamos que es una deferencia hacia usted. Nos parece más correcto informarle de algo que le atañe personalmente, antes de que la confirmación le llegue por otras vías –dictamina el alcalde.

–Vamos que soy el convidado de piedra, y por la piedra se me va a pasar.

–Lo hemos pensado detenidamente y lo más conveniente para todos será que la Corporación solicite su traslado a otro centro para el próximo curso. A pesar del acuerdo de estabilidad para tres años logrado en la huelga, no pensamos renovar su nombramiento. Le conviene disponer de su futuro con cierta antelación.

El secretario, cuyas veleidades inconformistas, si las tuvo, se han enquistado en la rutina administrativa, lee el acta municipal sin la mínima inflexión de voz que permita atribuirle simpatía o disconformidad con el acuerdo. Es como la capucha del Bobo de los danzantes de Ochagavía, un diosecillo, un Jano de dos caras que parece mirar y darte la espalda al mismo tiempo. Ni espero ni mendigo la comprensión solidaria de nadie. La actitud de Marcelino es suficiente satisfacción en este simulacro de fusilamiento. Se ha mantenido digno ante las presiones del alcalde, negándose a avalar con su presencia un acuerdo en mi contra. Se me ha convocado a la lectura de una sentencia y no me siento condenado. ¡Que suelten ya lo que tengan que decir! ¡Sea lo que sea van a varearme más que a un colchón de lana!

En medio de esta extraña situación la cabeza se me va hasta la escuela. Como una reiterada obsesión me viene un poema escrito recientemente por los niños, una autobiografía sucinta de la clase, una descripción urgente y breve de cada uno de nosotros. Es un poema de elaboración colectiva. Todos los alumnos aportaron sus ideas, sugirieron sinónimos, censuraron imágenes, propusieron versos alternativos. Un poema gloriafuertiano, ñoño, ésa es la verdad, justificado sólo por el divertimento de su proceso creativo. A Dionisio le faltaría tiempo para sacarle pegas a una rima forzada y una medida arbitraria. ¡Qué más da! Es nuestro poema y ahora está aquí, omnipresente, ensordeciendo la lectura del secretario. ¡Si supieran a qué se debe mi aparente concentración! El poema lo inunda todo. Mil voces interiores lo recitan al unísono. Quién iba a decirme que aquella cursilada –para los chavales una proeza literaria– sería un día antídoto contra la ponzoña y la inquina. El poema es a la encerrona municipal lo que el luminoso *Miserere* de Eslava al negro sayal de la Semana Santa pamplonesa. El poema es un colorido contrapunto en el ceño adusto de los presentes: sensual, vibrante, risueño como el *Amplius* del *Miserere*. Voces escolares, voces de pueri cantores, entonan un poema, una canción, una misma armonía fresca, galante, ociosa y placentera a la que permanecen sordos los reunidos en la sala.

REUNIDA EN SESIÓN EXTRAORDINARIA LA CORPORACIÓN MUNICIPAL DE ESTE ILUSTRE AYUNTAMIENTO

La mosqueante mosca mosquetera
batía un timbal.
Alex y el sol bailaban la yenca
junto al ventanal.
Duerme Nerea, bosteza aburrida,
y un rayo de luz
despierta su sueño: hay Geografía
¡vaya qué cruz!
Jobarla, Fermín, cuida nuestro zoo
no comas lechuga
para un momento, quieto, burro, so,
¡que es de la tortuga!
Chupa y muerde cualquier lapicero,
mastica las gomas,
Idoia ha bebido el tintero.
¡Risa en sus hoyuelos!

Y A REQUERIMIENTO DE LA SOLICITUD PRESENTADA POR LOS VECINOS D. MACARIO LANDA Y D. AMBROSIO DOMENCH

Itziar escribe sacando la lengua,
rotura cuartillas
de un lobo que aúlla a la luna
y a las cabritillas.
Asoma, lento, un erizo vago,
andar de faquir.
Y Mikel lo monta, ¡cabalga
sobre su crin!
¡Ay, galope! pezuñas de hierba,
llévame, viento,
al arco iris. Sonríe Ainhoa en
su aturdimiento.

QUE HACEN CONSTAR DIVERSAS QUEJAS SOBRE LA ACTITUD Y COMPORTAMIENTO DE D. DANIEL MARCILLA MUNARRIZ, MAESTRO INTERINO QUE ACTUALMENTE OCUPA LA PLAZA VACANTE DEL COLEGIO UNITARIO NUESTRA SEÑORA DEL PERPETUO SOCORRO

Las lagartijas, que son sugandilles,
se asustan, David,
si metes el dedo, ¡qué apuro!
¿será una lombriz?
En los colgadores Iñigo escala,
llega a la cima.
Anida chillona una grulla blanca,
en su mochila.
Las yemas del dedo son flores,
polvo de estrellas.
Ana suelta mariposas de olores
en la Milosena.

SE ADOPTA POR UNANIMIDAD LA SIGUIENTE RESOLUCIÓN: ELEVAR ESCRITO SOLICITANDO DE LA DELEGACIÓN PROVINCIAL DEL MINISTERIO DE EDUCACIÓN Y CIENCIA, TENGA A BIEN REVOCAR, PARA LOS PRÓXIMOS TRES CURSOS ESCOLARES, LA PROVISIÓN DE DICHA PLAZA AL PROFESOR CITADO. HACIÉNDOSE EFECTIVA AL 31 DE AGOSTO DEL PRESENTE AÑO.

La pala de Laura,
¡menudo vaivén!
se mueve y da vueltas,
¡vaya qué bien!
En la cama sueña
con dientes de leche.
Bajo su almohadón,
vive el ratón Pérez.

LO QUE TRASLADO A V.I. PARA SU CONOCIMIENTO Y EFECTO.

ES GRACIA QUE ESPERAMOS OBTENER. EN ARGONDOA, A 6 DE MAYO DE 1975

Socorro, la nube se espanta
¡déjala salir!
abre la boca, Susana,
que se quiere ir.
Su amigo el cometa la aguarda.
Oh, llora,
que salga y baile en su cola.

Iñaki, no comas más barro
y limpia la tela,
si deseas que el Olentzero
tenga su txapela.
Y Edurne, que se ve princesa
o hada madrina,
no se convence que es bueno
sentirse sorgiña.

Sólo falta el cura cansa almas –con roquete blanco, estola al cuello e hisopo en la mano– bendiciendo el acuerdo y absolviendo de toda culpa a la corporación postrada de rodillas. ¿Qué más da que no me permitan hablar? ¿Qué podría decirles? ¿Qué argumentar al que no quiere oír? No se me ocurre otra respuesta que la del camarada Isi en una asamblea obrera de Authi. Isi es un activo líder improvisado al calor de las luchas de los trabajadores navarros. Pertenece a la escuela de los Ibarrola, Burguete, Solchaga... jóvenes dirigentes formados en los últimos años, surgidos de una clase obrera inexperta, vital, fogosa, nunca humillada. Campesinos aceleradamente reconvertidos que han sustituido la azada por el torno y creen que la fábrica, como la tierra, es para quien la trabaja.

La huelga de Authi, la mayor empresa de la provincia y de la que dependen otros muchos talleres auxiliares, había inmovilizado el monocultivo automovilístico industrial de Navarra y llevaba dos semanas poniendo en vilo a la ciudad. Temblaba la Cámara de Comercio y el Sindicato Vertical –minado internamente por un Consejo de Trabajadores algo peleón e incómodo para la patronal–, y temblaba la gente de orden escapando al paso de las manifestaciones solidarias que recorrían los barrios de Pamplona. La Asamblea de trabajadores, apiñada en el frontón Labrit, había sido bombardeada con las razones económicas que imposilitaban a la empresa asumir las demandas de la plantilla. Fueron razones de peso, acompañadas de gráficos, curvas de productividad, índices desequilibradores del mercado internacional, rentabilidad prevista de la factoría y tanto, tanto argumento que los currelas se habían quedado más paralizados que la cadena de montaje. ¿Cómo hacer frente al aluvión técnico de pormenorizados informes, las más de las veces ininteligibles?

Los economistas de la empresa devolvieron sus dossieres al portafolios; dieron por finalizada su intervención los asesores legales guardándose las gafas en fundas de piel. Directores generales, gerentes comerciales, cuadros medios, jefecillos del tres al cuarto, encargados de sección, esquiroles, chivatos, y hasta el gobernador civil –permanentemente informado por teléfono del desarrollo de la asamblea– se felicitaban por una victoria cantada de antemano. Nadie se movía en las filas obreras. Sin saber qué contestar al alarde de erudición tecno-contable, se interrogaban con los ojos los representantes del comité negociador, duchos en el tira y afloja de mil negociaciones, pero aturdidos por el versado varapalo patronal. Los de Comisiones Obreras, descolocados por la apabullante perorata, apretaban bajo el jersey las octavillas sin decidirse a arrojarlas. Y entonces, cuando el desconcierto hacía más efecto en sus compañeros que todos los editoriales del *Diario*; cuando estaban a punto de disolverse con más fustración y mala leche que ante las contundentes cargas de los *grises*, se levantó el camarada Isi, subió al estrado, metió las manos en los bolsillos y, ante la miriada de ojos centellantes, labios prietos y el nudo de nervios expectantes que era el auditorio, exclamó: ¡HOSTIA, HOSTIA, HOSTIA!

Sólo tres palabras. Tres palabras que tal vez no conmovieran al mundo, pero tres palabras que contenían el más depurado discurso, el más exigente programa, la más pulida argumentación que asiste a todos los oprimidos de la tierra desde que alguien sentenciara: «Yo soy el amo, tú el esclavo». Tres palabras en supremo grito de insurrección y barricada. Tres palabras que hicieron brotar puños en alto, abrazos de victoria y un único alborozo satisfecho. Las octavillas, volando desde el graderío como confetis de una fiesta en tecnicolor, maquillaron, con la alegría del arroz a la salida de una boda, las ojeras y los rostros mal afeitados de los currelas. La Asamblea, puesta en pie, ratificó la huelga y la plataforma. La salva final de aplausos hizo temblar la cancha y, en el tablero que numera el tanteo de los partidos de pelota, escribieron: 22 a los rojos por 0 a lo azules.

Yo no me atrevo a gritar. Me falta coraje para que mi protesta resuene rotunda como la firma de un jefe de personal en una carta de despido. Quiero ser fiel a mi excamarada, escueto y contundente como un telegrama, y deletreo mentalmente mirándoles a la cara. ¿Sabéis qué pienso de todo esto? ¡HOSTIA, HOSTIA, HOSTIA!

Goazen, goazen hemendik
hemen ez dago xingarrik
etxe kontako gazitegian
saguak kumeak aztentik.

Raquel ha desentumecido el violín que, casi momificado por el abandono de estos meses, se deja acariciar gatuno y meloso. Runrunea bajito recuperado el olvidado placer del masaje en sus cuerdas. El arco de crin de caballo, untado en cera de abeja, se desliza con suavidad. En un armario transformado en librería, el metrónomo descansa inutilizado, sin haber resistido los fríos que se cuelan despiadados bajo la puerta y el marco mal aislado de la ventana. El péndulo se niega a medir el tiempo musical, detenido como nuestro propio tiempo en un tictac sin retorno. Los días se resisten a suicidarse en el calendario, y las semanas que restan hasta finalizar el curso en junio ralentizan su paso con insoportable lentitud.

El sabayao comparte refugio con varadas de birika y longaniza, cordeles de bainetas ahumadas, manzanas mastrosagarres rebozadas en hojas de periódico, avellanas y nueces extendidas sobre la tarima, culares choriceros colgando en sitios aireados, lejos de la funesta caricia de la luna que los perdería. Vivir con los padres, y en casa de pueblo, tiene estas servidumbres que a Raquel no parecen importar. Integra esa pequeña despensa como un elemento más del decorado dispuesto para una foto de Xabi Otero, una foto de atmósfera rural desvanecida.

–Sigue, sigue tocando –digo al entrar, aunque ella no haya hecho el menor gesto de interrumpir el concierto.

A la espera del *Cuarteto de cuerda* de Remacha, que yo había solicitado a Barcelona para sorprenderla en su cumpleaños, un afónico picú de caja gris, sobreviviente a mil guateques, reproduce el *Concierto para violín en re mayor* de Beethoven. Raquel lo encontró en los Traperos de Emaús con una máquina Underwood en cuyo carro colocó un poema que le envió Manu desde su exilio operístico. Ajena a mi presencia, ataca con brío el rondó allegro del tercer movimiento, que siempre –¡justo también hoy, mierda!– no logra empastar a su entera satisfacción. Sin esperar a que termine, leo de memoria la copia del acuerdo municipal y finalizo, con cierto énfasis, la trasnochada fórmula final, «Gracia que esperamos obtener».

–A buen seguro que consiguen la dichosa gracia –respinga, sin dejar de tocar.

Me aproximo lentamente. Salvar los dos metros que nos separan es tan delicado como superar un paso de quinto grado escalando las paredes de las Peñas de Echauri. Rozo sus caderas y la envuelvo por la cintura con mis brazos que ansían extraviarse en su talle. Me fundo despacito y denso en su espalda, restregándome en la ropa que me devuelve su olor. Quiero sazonar su piel, pasear por su perfil borboteando besos encerrados en burbujas trasparentes. Tanteo su cuello con las yemas de los dedos por ver si leo en las suaves incisiones de la carne un mensaje escrito en braille con mi nombre como destinatario. Espero una respuesta: que sus nalgas se aprieten contra mí, que su espalda se arquee encajada en mi pecho, que mueva imperceptible su pubis para que mis dedos abismen su secreto. Nada. Nada salvo el ritmo del violín que se ralentiza. La siento más desentendida que huidiza. Su indiferencia excita mi sexo que busca la morbidez de su culo bajo la ropa. La presiono para que perciba la evidencia de mi deseo.

–Déjalo –dice sin volverse.

Y la melancolía se instala de golpe, gélida y atormentada, como el agua que penetra en las grietas y, al helarse, crece y las fragmenta. «Déjalo», y de golpe sé que es definitivo. Preferiría un reproche, una escena al uso, echarnos los trastos a la cabeza, poner el grito en el cielo.

El tocadiscos pita como una cafetera a punto de reventar aguas. El concierto ha terminado y el disco da vueltas a su negra obsesión de vinilo acompañando mi circular derrumbe. A cada vuelta, salta el graznido mecánico del picú: crac-crac-crac, que resuena extrañamente humano, como si un fonendoscopio ampliara mis propios latidos acelerados. Raquel levanta el brazo portagujas y se sienta en la vieja hamaca de lona listada de azul y blanco con los pies apoyados en un baste forrado. Calza los eternos safaris marrones. No sé si lleva la pulsera en el tobillo. Para dejar claro el interés que le produce mi visita, toma un libro de Marta Harnecker, *Conceptos elementales del materialismo histórico*, ahí es nada para el día que llevo. Está visto que es muy difícil que las condiciones objetivas y subjetivas coincidan. Pasa las hojas y calla. El violín descansa en la mesita de mármol y hierro forjado que sostiene una foto de su abuelo con un macho cargado con una guitarra sobre las alforjas, en la foz de Mintxate. Una foto de principios de siglo, cuando roncaleses y salacencos tomaban aguas en su rústico balneario.

Camino de casa, en el jardín de Alkatekoa, huidizos pentagramas de piano resbalan junto al magnolio, *Bésame, bésame mucho, como si fuera esta noche la última vez*. Será el cura de Oronz tocando alguna picardía que lo distraiga de los aburridos ejercicios con las niñas. Como un chiquillo enfurruñado me llevo a patadas un botellín de cerveza abandonado, y me dejo el pie. Hortensias azules lagrimean bajo los chaparrones de mayo. Vírgenes románicas, de inmutables facciones, aguardan hieráticas el tributo de flores en sus jarrones estériles.

De uno en uno, a hurtadillas, sabiendo que es libre su deambular, se ausentan de clase sin permiso. La falta de rigidez en las normas le quita valor a la escapada hasta el baño, que ya no tiene el aire trasgresor de una calva escolar. Con los anteriores maestros estaba el pulso diario del «¿Da su permiso para ir al baño?», solicitado con fingida cara de apremio. La permisividad les quita margen para ensayar una incipiente rebeldía. Se dan el piro por el simple espíritu de contravenir la rigidez del horario y disfrutar de la pequeña borota. Cinco minutos de limitada libertad mientras el resto se amuerma en el aula. Contabilizo la masiva deserción. Falta media clase, peor que una epidemia de gripe. Risas contenidas se filtran desde los servicios, algarabía preadolescente con voces perforadas de gallos y falsetes delata la edad incierta que está a punto de cerrar su propia infancia.

Encerrados, apretados en el estrecho margen del retrete, tal vez algún mayor se atreva a fumar, forzando el nivel de admiración de los amigos. Conspirarán en el rectángulo inaccesible de esa tierra de nadie, territorio prohibido para el adulto. Al borrar la pizarra, adivino un regocijo incontenible al fondo del pasillo. A lo mejor andan fanfarroneando, midiéndose los sexos apenas sombreados. Uno de los pequeños vigilará desde la puerta para que puedan desdoblar, a toda plana, la foto turbadora que los desasosiega sin acertar muy bien por qué. Otro, sorprendido, exclamará espontáneo: «¡Hala, tú, qué tetas!». Creerán que no echo en falta los pupitres vacíos. Yo también disimulo, no quiero ser el chivato que delate su ausencia. Grabarán a punta de navaja un graffiti potente que ensalce el pecho incipiente de Mariví o despeje las dudas sobre la consistente virilidad de las dos «pelotas» del anónimo poeta de retrete.

Vuelven con disimulo horrorosamente calculado, eso sí que es imperdonable. Entran en clase, cada quince cronometrados segundos. La naturalidad del regreso se traiciona en las mejillas enrojecidas, en la inusual concentración que adoptan en el trabajo. Me acerco; pregunto, como si tal, a ver qué pasa, si tienen problemas con el ejercicio; que los resúmenes no deben ser tan largos –aun siendo evidente la virginidad del folio–. Deseando intercalar un guiño cómplice me reprimo para que un adulto enmohecido como yo no profane la intimidad de su despertar a nuevas pasiones. Es un desconcierto que apenas admite la intromisión de nadie. Vivirán solitarios el antiguo enigma que bulle en la juventud irrefrenable de sus cuerpos.

Los chicos, confundidos o avergonzados, maniobrarán en la cama jugando con la almohada entre las piernas, ensayando en ella torpes caricias y lúbricos abrazos, tratando de no manchar la sábanas con una engorrosa polución nocturna. Intentarán vislumbrar la terminación prohibida de la pantorrilla de una hermana mayor cuando se encarame a la silla para alcanzar el altillo del armario. Observarán, con repentina morbosidad, la ropa interior colgada de la vecina, absortos hasta que alguien les recrimine, «¿Y tú qué miras, mocoso?».

Las chicas estrenarán zapatos de medio tacón y sujetadores que florezcan su decisión de mujer bajo la camiseta alisada. En todos los sitios hay «tontódromos», como la calle Carlos III de Pamplona, por la que desfilan los adolescentes observándose desde aceras paralelas y distanciadas. Pasearán cogidas del brazo con chismorreo de diario íntimo y tarareo de éxitos románticos, *Quince años tiene mi amor...* Seguirán cuidando a los hermanitos pequeños, angustiadas y alegres ante el súbito fluir de la vida en sus muslos intactos. Su cuerpo manará sangre como preludio a la leche y miel que ofrecerán gozosas en el futuro. Que sueñen ahora y tarden en saber de la existencia del dragón que, en pago a un cruel tributo de doncellas, las ha elegido ya con sus devoradores ojos de fuego.

Fisgarán en libros que creen prohibidos buscando imágenes que los obsesionan. Manosearán el diccionario tras la definición exageradamente académica de lo innombrable que los confunde más todavía. Consultarán, con el nerviosismo de un acelerado cursillo prematrimonial, *La Enciclopedia de la Sexualidad* de López Ibor. ¡Qué paradoja que un psiquiatra próximo al Opus sea el *best-seller* del sexo! Pero en una sociedad mojigata hasta el jardinero del convento es un pornógrafo. Se aliviarán o se angustiarán, según logren o no catalogarse en la normalidad socialmente aceptada. ¿Y qué será del niño que admira de refilón la belleza de otro niño? ¿Qué de la niña que siente un escalofrío placentero cuando pasea cogida de la mano con su mejor amiga?

Y lo que es peor, el mes que viene, fría y asépticamente (no está el horno para osadías didácticas) veremos diapositivas de abejitas y polen, con textos sensibleros e inconcretos que hablan del fruto hermoso del amor compartido. A lo mejor, en un intrépido alarde, hasta me atrevo con unas pautas sobre higiene íntima. A pesar de la autocensura, y de sus codazos y risitas –no son tontos y verán que esa clase, así planteada, es una blandengue sosez–, siempre habrá un dedo presto a señalar la Sodoma y Gomorra en que he convertido la escuela.

Desde el soportal de entrada al colegio, miro Pinubakarra sabiendo que me está vetado el sentarme en su corro, soñadores panza arriba bajo los árboles, abrasando hormigas con el cigarrillo compartido.

Hace muchos años, en el Seminario, bebí el licuado bromuro con que empapaban salves y credos para sedar nuestras frentes calientes. En un *mea culpa* culpabilizante desdibujábamos las mil mujeres que, fantasiosamente preñadas, aullaban bajo el inamovible pisapapeles de un introito. Y cuando otros memorizaban delanteras de fútbol legendarias (Puskas, Di Estefano, Gento...) nosotros aprendíamos biografías de santos ejemplares. Con esa visión de la jugada la vida no tardó en meternos un gol. Un golazo por toda la escuadra.

Andróginos seminaristas, fámulos y ayudas de cámara, rubios arcángeles de ambigua hermosura tentaban la rutina como frescos mandados pintar por papas disolutos en las bóvedas vaticanas. Gestos y miradas amputadas en las temblorosas manos de algún prefecto de carne fofa y pálida me descubrieron la humana vulgaridad del clero. Al fin caí en la cuenta de que, bajo las sotanas que pensé asexuadas, también hervían incontroladas pasiones. Acorazados en sus mantones, veía a los curas como gigantes de fiesta. ¡Tal vez por dentro estuvieran huecos y fueran transportados por un ángel de la guarda casto e insípido! Llegó el día en que no jugaron al fútbol remangándose la sotana. Con un cura en chándal corriendo en el frontón dio la Iglesia un paso decidido hacia el *aggiornamento*, se rompió el distanciado misterio que imponían sus sagrados ropajes e inventamos letras irreverentes para cantar, en la camaradería de un fuego de campamento, sobre curas barrigones a quienes debíamos erigir un monumento a sus cojones (la alusión genital con voz imperceptible). ¡O*kairí, okairá, okairi, airi, airá*!

Junio desfallece sudoroso incluso en Irati. Acomodados en la cama de un camión y un par de turismos hemos subido hasta la selva. Esta inmensidad forestal es una selva, no un bosque. En euskera siempre estuvo claro, *oihan* y no *basoa*. La salida motorizada es nuestra pobre aportación al socorrido viaje de fin de curso. No tengo ánimos, ni hay ambiente entre los padres, para irnos hasta el mar, tal y como había pensado. Si quieren playa que en el verano los manden a las colonias de la Caja, a Orio o a Fuenterrabía, que es muy reconstituyente. Yo fui un niño enclenque, que lo llevaban a veranear a Baríndano, al aire sano de la sierra de Urbasa, más vitamínico que el aceite de ricino o el hígado de bacalao. Más tónico que la *Quina San Clemente* ¡que da unas ganas de comerrrr!

La excursión se justifica en el programa de clase sobre cuencas de río y aprovechamientos hidrográficos. Por eso nos hemos llegado, en larga y alegre caminata, hasta el mismo pantano. Anotan datos de caudales, crecidas y estiajes que se columpian por los gráficos. El guarda de las casas baja el tono de voz y pone un deje de misterio para contar historias de maquis, la de los últimos guerrilleros que, en agosto de

1961 capitaneados por el mítico Campesino, general comunista marginado en el exilio moscovita, protagonizaron un desfasado intento. Aquel último gesto, absurdamente heroico, también resultó inútil y fracasó sin más testimonio que los árboles inmutables que lo ven todo y todo lo memorizan en los anillos radiales de su tronco.

La figura del maquis es ya un ser fantasmagórico que comparte la selva con Catalina de Albret y Basajaun. Los seres que habitan la selva son huidizos, invisibles para el ojo humano, pero están ahí, espiándonos entre los árboles. Su hora es la del crepúsculo, el instante teñido de colores iridiscentes en que los leñadores divisan, fugazmente, a una criatura enorme, cubierta de pelo; es el momento propicio para que los pastores escuchen, entre las vetustas hayas, los lamentos de la reina Catalina llorando la pérdida del Reyno a manos de Castilla; la mala hora en que la Guardia Civil persigue violadores de frontera como hace treinta años acorralaba maquis. El guarda del embalse aprovecha la fidelidad de sus oyentes para fabular sobre carboneros y contrabandistas, cuentos sobre el paso clandestino de caballerías con la frontera helada del río por camino.

Remonta un griterío infantil chapoteando en la poza donde las regatas de Urtxuri y Urbeltza se acoplan dando vida al río Irati. Allí nos aguardan los más pequeños al cuidado de unas madres voluntariosas que han rastreado los fresales incipientes, rubíes y frambuesas camufladas entre el zarcerío del sotobosque trabajado en años anteriores. Urtxuri y Urbeltza –agua blanca y agua negra– son la antítesis necesaria para que brote la dialéctica del río. Eterna totalidad de lo blanco y lo negro, de lo excluyente y lo imprescindible que acompaña las crónicas de Navarra desde que Moret fijó en papel nuestra historia. Urtxuri y Urbeltza, el bien y el mal, Atarrrabi y Mikelats, beaumonteses y agramonteses, blancos y negros de Campión, cristinos y carlistas, rojos y nacionales. Urtxuri y Urbeltza, agua sin aristas que no lava su culpa ni bautiza nuestra conversión a un nuevo credo.

Almorzamos junto a la ermita de la Virgen de las Nieves. La comida seda un paréntesis de modorra, de siesta protegida en la mosquera de los abetos. El silencio sofocante de los árboles engulle el cansancio de la mañana. La ermita no inspira fervor mariano ni laico interés artístico. Es artificiosa, sin tradición, impuesta en un acto visionario de don Santos Beguiristain. Ni siquiera es milagrera para poder montar un negocio –*Los jueves Milagro*– vendiendo agua embotellada como en Lourdes, y llenarla de exvotos por favores recibidos: ortopedias de cera en recuerdo del miembro sanado, pequeños cuadros que narren la intercesión de Nuestra Señora con un apestado, estampas y escapularios ofrecidos por algún favor especial.

La ermita se oculta en el monte, olvidada en sus oraciones por la buena gente que fía sus novenarios a vírgenes locales con mayor pedigrí: Muskilda, Arburua, La Blanca, Argiloain... Las Nieves iverna sin pena ni gloria (divina o humana) hasta la anual y descafeinada romería de principios de agosto. Sin apenas invocaciones, su nivel de rentabilidad espiritual es nulo. Son cosas de don Santos que tenía el espíritu catequista para cristianizar a cualquier precio.

Cuando el sol se hace horizonte, la brisa teje una pavana cortesana entre las ramas y nos marca el regreso. En el camión, el viento juguetea enredándonos el pelo. Niebla en los montes, humo de alquimia, vapor denso surgiendo de la inmensa retorta de laboratorio que es el Puerto. Descendiendo las escalinatas de Abodi, densas brumas terracean las pendientes de picos intemporales cincelados por la fantasía del atropellado atardecer. Todos cantamos, y las nubes, que crujen con ayes de celofán, cantan con nosotros: *Arriba las vacaciones, abajo el estudiar, los libros a los rincones y nosotros a jugar.* Y como la bajada es larga, da tiempo para cantar mucho más: *Para ser conductor de primera, acelera, acelera, con el vino se engrasan las ruedas, acelera, acelera el motor.*

Cuatro Bordas. Las truchas saltan en la barrancada de Zatoya queriendo quebrar sus cabezas contra la bandeja acristalada del agua. El río nos acompaña hasta el crucero de Ochagavía. Ante el negro monolito, una vieja desgrana un bisbiseo.

Azkenean konta

Los inspectores llegan de improviso como una rápida visita domiciliaria del médico de cabecera. Son cazadores que afinan la escopeta en pasa y contrapasa. Al inicio y final de curso ocupan los puestos, las palomeras burocráticas, esperando pacientemente a que aparezca la bandada de maestros con cartillas escolares por firmar, reclamaciones de traslados, agravios comparativos, solicitudes de dotaciones básicas para los centros y una retahíla de necesidades que despachan, displicentes, con el mismo entusiasmo que un ginecólogo encallecido atiende los antojos de una embarazada. La caza está permitida en contrapasa, y a los palomos desviados les aguarda una postrer gestión que puede acabar con uno, si no espabila.

No es el peor inspector que podía tocarme. Nos conocemos. Fue mi profesor de Literatura y lenguas clásicas en preuniversitario. Ponía entusiasmo, y, aunque vistiera de traje, su aspecto descuidado le daba un encanto añadido. Él acrecentó la comezón que unos pocos teníamos por los libros. En febrero, durante la huelga de interinos, coincidimos en una reunión que trataba de atemperar el conflicto. Mantuvimos las distancias como ahora, cada uno al otro lado de la mesa negociadora, pero sin acritud. Era un gesto de cortesía no confesado que se lo debe anotar nuestro común disfrute de la belleza impresa.

–¿Qué tal Marcilla? –con pasitos deslizantes, casi de baile de claqué, tiende la mano en un saludo formalista y me lleva del codo hasta el fondo del pasillo. Sin esperar a la respuesta que adivina, prosigue en frases rituales como un circunloquio previo al único tema que interesa–. Imagino que aguardaba mi llamada desde hace días. Antes de tomar una resolución sobre la solicitud cursada por el Ayuntamiento de Argondoa, he considerado necesario ponerme en contacto para sondear directamente la situación. También me gustaría tener unas palabras con el sr. alcalde, por separado, claro.

–Claro.

–Quiero ser sincero. No me andaré por las ramas. A usted le han dejado en mal lugar y a mí me ha tocado en suerte una fea papeleta. El sr. delegado y yo mismo somos conscientes de los obstáculos y dificultades que la aplicación de la Ley de Reforma Educativa genera en la escuela: nuevos programas y metodologías que chocan con la orientación tradicional. Padres, maestros y alumnos somos continuistas y las innovaciones no siempre son fáciles de adaptar y digerir. No obstante, este enojoso asunto no debiera ser una mancha que desdiga su expediente. Sería una lástima que apenas iniciada su carrera la emborronara de esta manera. Le invito a que renuncie al derecho, que por otra parte le asiste, de recurrir el acuerdo. Cualquier iniciativa en esa dirección no hará sino complicar el tema y darle una publicidad que en nada va a beneficiarle a usted. Echémosle tierra encima, hágase cargo de otro grupo escolar y el incidente se olvidará por sí mismo.

–Oye, Daniel –interrumpe Raúl sin miramientos–. No me sale nada de ese rollo de los conjuntos disjuntos. A ver si vienes y me explicas.

La imagen matemática me hace sonreír: conjuntos, pero disjuntos. Algo así me ocurre con este inspector al que dudo si reconocerle buena disposición o sospechar que, tras la huelga, prefiere desactivar nuevos motivos de tensión. Raúl ha vuelto al pupitre con una explicación para salir del paso. Prosigue la conversación. Ambos dos, a pesar de la amabilidad del encuentro, citamos otros compromisos –más falsos que un duro de plata– para eludir la incomodidad de comer juntos, cara a cara, durante una larga hora.

Azkenean konta. En los momentos de tensión viene en mi ayuda alguna frase oportuna que creía olvidada y toma cuerpo, de súbito, con el alivio de una farmacia de guardia. *Azkenean konta/El final es lo que cuenta*, es el lema escrito en euskera en el escudo del Ayuntamiento de Esparza de Salazar. ¿Qué mensaje encierra ese ambiguo aforismo? ¿Justifica la licitud de alcanzar las metas al precio que sea? ¿Invita a no cuestionar los medios en pos de un final que lo vale todo? ¿O se trata, más bien, de estimular la constancia, de disciplinar la voluntad por mantenerse firme en pos de un propósito, de un objetivo, de una idea a la que no se debe renunciar?

No defenderme, como aconseja el inspector, es admitir que alguna culpa tendré. Aunque tal vez esté en lo cierto y sólo cuente el final, el salvarse de una historia que me ha venido encima, que me ha perseguido desde que bajé de La Salacenca aquella lejana tarde de octubre. Muchos compañeros considerarán que me he batido contra el oscurantismo y el franquismo caciquil, que soy una víctima por plantar cara al autoritarismo, un represaliado de la educación popular y los movimientos de renovación pedagógica. ¡Vengan medallas!

Yo me siento un héroe a la fuerza. Un valiente que se quedó solo frente al enemigo porque no pudo huir con sus compañeros (olvidaron avisarle los muy capullos). Un intrépido obligado a combatir porque le iba en ello su propia supervivencia. ¿Cuántos héroes se fabricarán de igual manera? ¿Cuántas veces nos infligimos una derrota bajo la apariencia de una victoria?

Carlos intuye algo y desde su mesa nos observa concentrado. El pupitre le viene pequeño y sus rodillas huesudas pegan contra la cajonera. A él todo se le queda chico, y a mí demasiado grande. Me sobran el alcalde, el cura y el sursuncorda. El curso que viene irá a Pamplona, a estudiar bachillerato. Vivirá interno en la residencia Ruiz de Alda y su padre, Marcelino, lo echará en falta. Va necesitando otro hombre que le ayude en la faena.

La siembra de la patata retoca el cutis marchito de los

campos, y, en los pinares, el cucu de junio se imita a sí mismo. No son las doce todavía. Lo sé porque ningún viernes falta la Josefa de Lumbier con su camioneta de mercadillo ambulante pregonando fruta y pescado. El timbre de su bocina, igual que la del mudo de los hermanos Marx, da la voz de alarma a las mujeres. Aún no es mediodía y, para mí, la jornada ya ha dado demasiado de sí.

Nola xin, kala fin

Me voy, llega la hora de saldar cuentas con uno mismo, de cerrar la contabilidad y cuadrar balances. El momento de asumir con prudencia de viejo asustado una salida vergonzante por la puerta trasera. Todos tenemos reservado un instante de gloria y otro de sombras, es cuestión de cara o cruz, de puro azar. El público goza igual con la miseria o la grandeza ajena. Démosle espectáculo.

Discreto como un decimal vomito rabia y desengaño. Humedezco mi desaliento, lloro a modo de ejemplo y verbigracia. Sin motivo de escándalo, sin llamar la atención, sueno la nariz y seco el ojo. Hipando contexto y circunstancias sorbo lágrimas y mocos, y con paso precipitado desaparezco por el foro.

Me voy en un juego infantil de escondite: «¡*Que va el gavilán, que va el gavilán y algún corderito ha de atrapar*!». Desde chiquitos nos educan para andar a gatas, procurando no ser vistos. Alguien la para y nos vigila. Su voz recorre la plaza: «Arenar, arenar...» y, al pronunciar tu nombre, te fulmina. ¡Ah, su voz! Que calle su voz, que no me pille. Triunfar es llegar sin ser visto, andar agazapado hasta la meta sin llamar la atención. Es el eterno escondite de la vida.

Debo dejar la escuela como el primer día: sacar el mapamundi trasnochado que dibuja el sueño colonial de las provincias africanas de Ifni y Río Muni, lustrar el crucifijo, restituir el retrato del Caudillo, releer una vez más la cartilla de los pupitres –confesiones sinceras escritas en la tapa de madera mientras simulan estudiar–. Una última gota de agua a las alubias florecidas en los botes de yogurt, un poco de celo para el mural que se descuelga. Guardar en cajas de puros la colección de minerales, fragmentos de corazón telúrico que brillan apagados, secuestrados de la veta natural que los cristalizó. Borrar la pizarra. Una mansa llovizna de polvo blanco cae como nieve plastificada en el paisaje miniaturizado de una bola de cristal. En el encerado, la tiza escribió una historia, un teorema numérico. Creó un mensaje para los otros y ahora es polvo evanescente. La tiza construyó palabras que ya nada comunican. Sólo son polvo ingrávido, como en el fogón las cenizas de un árbol que antes fuera poderoso, como los restos grisáceos de un cadáver que testimonian su vida pasada. Qué ingenuidad la de haber creído que mis dedos pudieran marcar en la tiza una huella imperecedera como el pie de un astronauta en el polvo lunar. Lo que se escribe con tiza cualquier leve soplo lo disuelve. Desaparece la efímera blancura y resta un polvo oscurecido que olvida su color y no reconoce su origen. Hasta pudiera llegar a creer que siempre fue tiza negra, pura ausencia de yeso albo.

Del Seminario también me echaron. El ángel exterminador de mi vocación religiosa llegó de noche, cuando las pesadillas desasosegaban la agridulce debilidad del sexo solitario. Rozábamos muñecas y tobillos en los travesaños metálicos de la cama para que el frío mantuviera a raya la tentación –una lujuria elemental, pues nada sabíamos de vicios elaborados–. Los seminaristas éramos una especie de Uri Geller, aquel mago que doblaba cucharillas con su solo poder mental. Lo nuestro era parecido, y, con órdenes telepáticas, enderezábamos a nuestro antojo «el mango de la cucharilla». Pero eso sí, tocar, no nos la tocábamos. El mensajero vino hacia mí con la linterna en la mano, un halo de luz amarillento que flotaba por los dormitorios como un foco antiaéreo en busca del enemigo. Siniestras rondas nocturnas en una aleatoria saca de prisioneros fusilables. Enfocó mi cara cegándome los ojos con técnica de interrogatorio. Adiviné la identidad de aquel aliento de piorrea camuflado en las sombras, y su voz sonó, lejana y agria, como distorsionada por la rejilla del confesionario: «Mañana recoge tus cosas, llamaré a casa para que vengan a buscarte. Todavía es principio de curso y podrás encontrar sitio en algún colegio».

Sudaba dentro del esquijama, sudé toda la noche, y la claridad del amanecer me halló sudando el largo escalofrío del insomnio. Hacía cuatro años que, a plena luz del día, habían venido a buscarme («Este hijo tuyo llegará a obispo», bromeaban las vecinas con mi madre), y de noche, envuelto en un resplandor mortecino, me anatematizaron. Con la espada flamígera de la linterna fui arrojado del Paraíso. A la mañana siguiente, con mi maleta y mi bolsa T-42 frente a la Casa de Arbitrios de la Media Luna, me encontré tan desvalido como hoy, en que de un momento a otro aparecerá La Salacenca para llevarme de regreso a Pamplona. Pulsé el timbre de mi casa y me saludó el cálido abrazo de mi madre que disimuló su desconsuelo; comí en la mesa familiar paladeando la aflorada alegría de mis hermanos por hallarme de nuevo entre ellos. ¿Quién me recibirá hoy?

Las siete, el autobús no se retrasa nunca, en cinco minutos tomará la curva del puente y todo habrá concluido.

–¡Dionisio! ¿Te has caído de la cama?

–Quería despedirte con un verso.

–No hables de despedidas, todavía tengo que volver a por mis cosas.

–Te avisaré cuando José Antonio tenga listo el 4-L.

–¿Qué hay de ese verso? Hoy me vendría mejor que un café cargado.

–Había preparado un canto epitalámico, pero tú y Raquel...

–¡Qué lenguaje! Hay que madrugar mucho para decir esas cosas a la primera: e-pi-ta-lá-mi-co.

–Un canto de bodas, ¿no? Hace años un maestro que paró aquí me regaló *El manual del buen versificador*, un método autocorrectivo para ser poeta en quince días, garantizado. Imagínate: hemistiquios, alejandrinos, endecasílabos... No te admires con el epitalámico que yo sé bien lo que me digo.

–Ya veo, ya.

–Visto como han ocurrido las cosas, seguramente sería más apropiado un canto elegíaco, al héroe que se enfrentó a...

– O un canto funerario, ¿no te parece?

–Volverás. Tenemos un refrán en Salazar: *Oriko txoria, Orira baratra.*

–No soy salacenco como el pájaro de Ori.

–Somos de donde queremos ser.

–La patria se contruye donde te quieren.

Nos abrazamos con una intensidad que los hombres de aquí regateamos. La bocina del autobús nos separa. Del río se elevan filamentos de humedad que se deshacen al contacto del asfalto. Busco el asiento de mi llegada, me instalo, y miro a través de la ventanilla con los ojos desorbitados de una chipa atrapada en la botella. Soy un pececillo que boquea aislado de su medio vital por la transparencia del vidrio. ¿Adivina la chipa, antes de morir, qué le impidió volver a nadar entre los suyos? El cristal de la botella, incoloro e inexistente para ella, es traslúcido como una barrera mental, invisible pero firme. Las barreras mentales son las más barreras de todas las barreras. No hay peor keleta, valla más obstrucionista que una barrera mental, han sido las últimas palabras de Dionisio.

Desde la parada del autobús he observado un tractor aparcado junto a casa Carlosena. La Salacenca se pone lentamente en marcha y, al pasar junto a él, me saluda la figura de Marcelino, encogido en la cabina donde ha estado entibiando un adiós. Levanto la mirada hacia el edificio de la escuela. En una tela alargada han rotulado un guiño cómplice: «AROZARENA=Casa del herrero». No acierto a distinguir el rostro de los que esperan bajo la pancarta, media docena de madres y algunos mocetes, uno de ellos Carlos, por la altura. La idea suya, seguro. La ventana del sabayao de Raquel permanece cerrada. El calor de mi cuerpo, un sofoco repentino, empaña la ventanilla, y en el vaho, como un niño, escribo una despedida.

Apenas quince asientos ocupados. En la llanada de Güesa, las mielcas de boj cuadriculan los campos, marcando la amplitud de la brazada del sembrador de grano. Es 24 de junio, ha florecido el sauco en las ezpuendas y el sol solsticial estalla en la cima de Marikalda. Un paraje en que Raquel ve la evocación de Mari, el genio femenino de la mitología vasca, el espíritu guardián del fuego y de la tierra. Sube el autobús hasta la atalaya de Navascués, donde Amadeo Marco se refugia los fines de semana. Los gestos autárquicos de este cacique político tienen algo de aristocracia aldeana, de nobleza de abarca y casa torre deslucida. No usa de la engolada delicadeza de los burgueses, ni de la decrépita decadencia de los grandes de España. Este cacique montañés es difícilmente odiable, no por servilismo o en pago a favores recibidos, sino por su falta de altanería. ¿Cómo detestar a un anciano que pasea en boina y alpargata, con el dormitorio oliendo al fiemo que se cuela por la tarima agrietada?

Pero este vínculo sanguíneo, telúrico, esta falsa complicidad de compartir apellidos, solar común o parientes no absuelve la culpa horrenda del crimen ni conmuta la vida del condenado. Tiburcio Semberoiz Gorria no tuvo tiempo de darse cuenta. Murió con la confianza de reencontrar a su hermano, con el corazón henchido del amanecer de su tierra (ahora entiendo por qué Dionisio habló de una pálida sonrisa en sus labios). Nada le salvó; al contrario, la familiaridad acrecentó su condena. Como en el 36, como en tantas otras ocasiones en que por pobre, por diferente, por no ser acomodaticio, vecinos poderosos masacraron a sus propios vecinos. Vencieron con las armas, luego se impusieron con el miedo, ahora pretenden derrotar con el olvido. La amnesia histórica es un tumor que extiende su gangrena silenciosa en la memoria de los pueblos.

Prosigue el viaje por una carretera ensanchada, asfaltada y repintada que el deslengüe popular ha bautizado como autopista de Marco. Las mejoras viarias mueren a la entrada del valle, reforzando las malintencionadas interpretaciones. En el Almiradío quedaron los camineros y el parque de bomberos, la ambulancia, el quitanieves y la fonda de Braco, sin que por ello flaqueara la probada lealtad del valle hacia Amadeo. Él correspondía poniendo sangre montañesa en la plantilla dependiente de «palacio». A este nepotismo aguado se apuntaron segundones del arado y cuantas mozas pensaron con acierto que mejor al amparo foral, que aguantando impertinencias, con cofia y delantal almidonado. Ahí arriba, junto a la estufa de hierro, Amadeo pasea entre álbumes de fotografías, recortes de prensa y rosarios. Pasea sin abrir los estuches donde descansan, en acolchada sedería, medallas ilustres de mil corporaciones. Lo hemos tratado de casi todo pero nadie le podrá negar su austeridad y su desdén hacia el mundo, sus pompas y vanidades. En la boscosa subida a la ermita de San Quirico, en Navascués, los romeros amontonan piedras que exculpan sus pecados, igual que en el Camino de Santiago. Si Amadeo es consciente de sus errores no tiene sino arrojar alguna piedra según le dicte la conciencia. Acabar a pedradas con el sentimiento de culpa es una forma bárbara de tranquilizar la moral. Lapidar el remordimiento es más cómodo que exponerse al juicio de los hombres.

Pocas paradas en los pueblos del Romanzado. Chimeneas cónicas de hogar central. En los reventados hornos de pan anidan golondrinas al resguardo de cenizas apagadas hace ya muchas masadas. Artieda, Rípodas, Artajo... pueblos que han sido protesta contra un pantano que quiso envolverles con sudario de agua. La Higa de Monreal –enroscados a su cintura los anillos saturnales de la carretera que sube al repetidor– domina un paisaje ajedrezado por pinos oscuros y campos de cultivo blanqueados por el nitrato del abono. Viajamos ensimismados, sin despertar del todo. Los regresos son rápidos y sin testigos: la vuelta de la imagen de San Fermín en su Octava o el retorno de la Dolorosa en la noche del Viernes Santo. Silenciosos como la repatriación discreta de un emigrante que no hizo dinero, o la llegada a la casa nativa de una monja exclaustrada tras media vida en el convento. Desandar el camino para volver al lugar que mejor no haber abandonado nunca si se debe tornar precipitadamente sobre los pasos ya dados.

Miro la agenda de bolsillo. Tacho el teléfono de Sonia, se va a la India. Se ha echado un novio medio místico que la está matando a verduras y yoga; y a lo mejor también la está matando a polvos de sexo tántrico (eso ya me jode más). Dos meses de vacaciones por delante y más solo que un procurador saharaui en las Cortes de esta democracia orgánica. ¡Y encima a cuatro días de Sanfermines! Habrá que feriarse algún abono para los toros con La Armonía Txantreana. Y a ver de qué va la cosa este año, que en el 73, con la huelga de tres meses de Motor Ibérica, me marearon las fiestas poniendo pancartas de «¡Readmisión Despedidos!» y cantando *Tres cosas hay en Pamplona que no las quiere ni Dios el alcalde, el obispo y el sr. gobernador.*

Volver, siempre volver. Como una posdata, como una olvidada nota a pie de página. Volver dejando la escuela en un esfuerzo afectivo que lacera y desgarra. La ciudad se despierta con lavado de gata. La estación expulsa viajeros presurosos para un apretado día de recados. Resopla con tosidos roncos La Salacenca y yo estiro mis perezas. Las maletas, depositadas en el suelo, huerfanean junto a un canasto cubierto de arpillera. En una estación como esta, *Gare du Nord* o cualquier otra con nombre igualmente gangoso, desembarcará Raquel sus ilusiones un día de éstos. Me voy deseándola con terquedad, enganchado a la tibieza de sus pezones y sospechando que todo rastro de mi vida en la suya lo barrerá un lametón de alguien al que deje quererla. La lengua de su nuevo amigo igualará la piel que yo recorría, borrando la huella de mis besos, patitas de gaviota en la arena de su vientre. Aquellas caricias que fueron mías, y solidificaron como límpidos copos de nieve, se fundirán bajo el calor de otras ternuras. Debí hacer el último esfuerzo, pedírselo con la voz de Víctor Jara, *Te recuerdo Amanda, la lluvia en el pelo...* Hay canciones a las que no se resistía.

Raquel se aleja definitivamente de mi existencia. El Conservatorio ha gestionado una modesta beca que le permitirá ampliar estudios bajo la dirección de un prestigioso profesor de L'*École Supérieure* del Conservatorio parisino. Un dinero escaso para mantenerse, pero que acrecentará su encanto con aura bohemia.

–¿Irás donde Liberto? –le pregunté ayer por la tarde.

–Voy a París.

–Estarás con Manu, supongo.

–¿Cómo es de grande Francia? ¿Cuántas posibilidades tengo de coincidir con ellos en una *crêperie*?

–Que haya suerte y vuestro amor sea más permanente que la revolución que defendéis. Si no, vais daos –mi deseo es una coña dado el nulo éxito de la revolución permanente trotskista.

–No cambiarás, siempre de guasa –y se deshizo de mí cantando *Palabras para Julia*, el poema de Agustín Goytisolo que tantas veces hemos escuchado acaramelados en la cinta de Paco Ibáñez, grabada en el Olimpia:

Te sentirás acorralada,
te sentirás, perdida o sola,
tal vez querrás no haber nacido,
no haber nacido.
Entonces siempre acuérdate,
de lo que un día yo escribí,
pensando en ti, pensando en ti,
como ahora pienso.

En la agenda, abierta sobre mis rodillas, apunto otra estrofa con letra apresurada, pues el chófer se asoma por la puerta pidiendo que desalojemos. Hasta el viaje de regreso de la tarde, La Salacenca cubrirá horas transportando excursiones de colegios, obreros de turno partido, servicios discrecionales por la comarca. Necesito acabar la canción, leerla para confirmar mi desaliento:

Un hombre solo, una mujer,
así tomados, de uno en uno,
son como polvo, no son nada,
no son nada.

Un hombre, una mujer, así tomados, de uno en uno, no son nada, son como polvo... de tiza. Salto al andén con el estómago revuelto. Será por viajar en ayunas o por no sé qué puñetas será, pero estoy fatal. Me acaricio la barba antes de decidir la dirección. Iñaki ha bajado a Pamplona a graduarse la vista, y parece dudar como yo. Nos miramos sonrientes y, a sugerencia de su madre, se acerca remolón y me planta un beso de despedida. En la puerta de consigna han escrito con carboncillo: «*Txiki-Otaegi. Iraultza ala hil*». En la calle el tráfico se atropella. La ciudad es una prisa de ruido y sol. Es 24 de junio y que San Juan sea San Juan, no evita que el ojo de la bruja esté perdido en el prado de arriba.

San Juan dela San Juan
gure goiko soroan
sorginak galdutako begia.

Glosario

El texto recoge abundantes ejemplos del habla coloquial de la zona, muy influenciado en su vocabulario y sintaxis por la lengua vasca, idioma de gran vitalidad hasta hace apenas setenta años, primer tercio del siglo XX.

Todas aquellas palabras vascas todavía de uso habitual en Salazar están integradas en la novela sin ninguna característica tipográfica que las distinga (negrilla, cursiva etc.). No se recoge su significado pues queda en gran parte explicitado por el propio contexto.

En los nombres toponímicos (ríos, montes...) he utilizado la normativa ortográfica del euskera.

En otras ocasiones, se ha optado por la cursiva para destacar aquellas expresiones, refranes y canciones en euskera salacenco cuya libre traducción se adjunta en este glosario por orden de aparición narrativa. En algunos casos se ha obviado la traducción por venir su explicación previamente aclarada en la propia trama argumental.

Así mismo, se han escrito en cursiva todas aquellas palabras vascas que hacen referencia a manifestaciones culturales de otras zonas.

En cuanto a la ortografía del euskera salacenco, he respetado el registro de la fuente original, y es evidente la falta de unidad entre ellas, por pertenecer, en su mayoría, a épocas anteriores a la unificación ortográfica del euskera.

Pág.	Euskera	Traducción
9	Lotsa dionari	Al que tiene miedo todos los arbustos le parecen lobos.
13	Pipitaki...	Fórmula habitual de comenzar un acertijo.
39	Gure haur honen	La dote de nuestro hijo son conchas de caracoles vacías.
63	Bat, bi...	Uno, dos, tres y cuatro. En Lumbier hay cuatro lobos.
71	Onratzera gurasoak	Estoy obligado a respetar a los padres y también a los ancianos, tal y como lo manda Dios.
97	Gure ureak erdi	Nuestra cerda ha parido diecinueve gorrines. Cuando crezcan tendremos veinte hermosos marranos. Lakrikun...
98	Aetza bere	El aezcoano siempre a lo suyo.
103	Axuri beltza	El corderillo negro es bueno, pero mejor es el blanco.
115	Berrus carro	(*Verbum caro factum est*) El Verbo se hizo carne de María siempre virgen.
116	Gabon, gabon	En la Nochebuena, cuando cantó el gallo, la madre sostenía a su querido Hijo entre sus santos brazos.
116	Ardi txikia	La oveja pequeña, siempre cordero.
117	Zorionak, gabon Hor konpon!	Felicidades y buenas noches. ¡Allá cuidados!
117	Etxe kontan	No sabemos cuanto vino hay en esta casa, bebamos a cada trago para saberlo.

Pág.	Euskera	Traducción
118	Natibitate	En la noche de Navidad los cielos se abrieron, que la dueña de esta casa entre en ellos. Amén.
119	Urteak zenbat	El año tiene tantos días como Sora cintas. La mitad son de la Providencia(?), la otra mitad dadas por el cielo (?). (traducción dudosa por la dificultad de interpretar los nombres propios)
125	Xoxuarena...	Danza del tordo, del pájaro, de la malviz...
128	Arraka, xoa...	Hendidura, punta cortada...
131	San Tirso	San Tirso está llorando, necesitado de extranjeros (visitantes), el señor cura dice que ya está harto de visitantes.
187	Ihauteriak hulantzen	Pasados los carnavales, la vegetación reverdece, Salazar ha ido a cazar armado y ha tenido suerte.
211	Zu zamari	Tú el caballo, yo la mosca. Yo te pico en el culo, tú escapas corriendo.
217	Resumen del diálogo en euskera	Es difícil hablar euskera en Salazar, si no es con gente de cierta edad./ Hablo un poco, estoy aprendiendo, estuve cinco meses en Gorriti./Tiene mucho mérito aprenderlo.
231	Goazen hemendik	Vámonos de aquí, aquí no hay tocino, en el saladero de esta casa no se crían ni los ratoncitos.
243	Azkenean	
	konta	El final es lo que cuenta
247	Nola xin	Según como vengas, así te irás.
250	Oriko txoria	El pájaro de Ori quiere vivir en Ori.
254	Txiki-Otaegi	¡Txiki-Otaegi. Revolución o muerte!
254	San Juan	Que San Juan sea San Juan, no evita que el ojo de la bruja esté perdido en el prado de arriba.

Otros títulos de esta colección

1. ETA. *Historia política de una lucha armada* / Luigi Bruni.
2. *Euskadi. La renuncia del* PSOE
Tasio Erkizia, Martín Garitano, Esteban Baigorri, José Luis Cereceda, José Antonio Egido, Justo de la Cueva. Prólogo de Javier Sádaba.
3. *La escisión del* PNV / Justo de la Cueva.
4. *La autovía en el espejo* / Jonan Fernández.
5. *Herrera. Prisión de guerra* / Anjel Rekalde.
6. *Foz de Lumbier. Antecedentes y crónica de unas ejecuciones*
Ricardo Zabalza. Prólogo de Patxi Larrainzar.
7. *El* GAL *o terrorismo de estado en la* Europa *de las democracias*
C.E.D.R.I. Prólogo de Denis Langlois.
8. *Pega, pero escucha* / Patxi Larrainzar.
9. *Operación Mendi* / Manuel Blanco Chivite.
10. *La cloaca vasca. De las razones de estado a los sumideros de Euskadi* / Pepe Rei.
11. *Gudari, una pasión útil. Eli Gallastegi* (1892-1974)
José María Lorenzo Espinosa.
12. *Adiós Monseñor* / Patxi Larrainzar.

13. *Dorregarai. La casa torre* / Anjel Rekalde.

14. *Ertzantza: ¿Héroes o villanos? Pasado y presente de la Policía Autónoma vasca* / Txema Ramírez.

15. *Los días de Argel. Crónica de las conversaciones ETA-Gobierno español* / Iñaki Egaña-Giovanni Giacopuzzi.

16. ETA. *Historia política de una lucha armada. 2ª parte*
Giovanni Giacopuzzi.

17. *Por la libertad vasca* / Eli Gallastegi, *Gudari*.

18. *Viaje a la nada. Principio y fin de Euskadiko Ezkerra*
José Antonio Egido.

19. *El desertor* / Patxi Larrainzar.

20. *La red Galindo* / Pepe Rei.

21. *En estas casas ya se sabe* / Álvaro Reizabal.

22. *¡Secuestrados! 117 días en la encrucijada vasca*
Ricardo Zabalza.

23. *Txabi Etxebarrieta. Armado de palabra y obra*
José María Lorenzo Espinosa.

24. *El nudo corredizo. Euskal Herria bajo el primer franquismo*
Javier Sánchez Erauskin.

25. *El jesuita* / Pepe Rei.

26. *Félix Likiniano. Miliciano de la utopía*
Pilar Iparragirre Lazkano.

27. *Sombras del alba* / Anjel Rekalde.

28. *Regresar a Sara. Testimonio de un deportado vasco*
Alfonso Etxegarai.

29. *Carabanchel* / Pepe Rei.

30. *Tomo III. Historia de Euskal Herria. El nacimiento de una nación*
José M.ª Lorenzo Espinosa.

31. *Tomo II. Historia de Euskal Herria. Del hierro al roble*
Xosé Estévez.

32. *Tomo I. Historia de Euskal Herria. Los vascos de ayer*
José Luis Orella.

33. *Potosí. Andanzas de un navarro en la guerra de las naciones*
Jose Mari Esparza Zabalegi.

34. *Diccionario histórico-político de Euskal Herria. Tomo I*
Iñaki Egaña.

35. *Diccionario histórico-político de Euskal Herria. Tomo II*
Iñaki Egaña.

36. *Intxaurrondo, la trama verde* / Pepe Rei.

37. *Carta a un fantasma* / Iñaki Gonzalo Casal.
38. *Marc Légasse. Un rebelde burlón* / Amaia Ereñaga.
39. *Mugalaris. Memoria del Bidasoa* / Anjel Rekalde.
40. ETA *pm. El otro camino* / Giovanni Giacoppuzzi.
41. *La deportación* / Pilar Iparragirre.
42. *Francia y la cuestión vasca* / Patrick Cassan.
43. *Colegas* / Pepe Rei.
44. *Regreso a las armas* / Andrés Sorel.
45. *Diario de Aguirre* / José Antonio de Aguirre.
46. *Egin investigación. Otra forma de periodismo*
    Pepe Rei-Edurne San Martín.
47. *Mario Salegi. La pasión del siglo* XX / Iñaki Egaña.
48. *El caso Galíndez. Los vascos en los servicios de inteligencia de* EEUU
    Manuel de Dios Unanue.
49. *Garzón. La otra cara* / Pepe Rei.
50. *Argala* / Iker Casanova y Paul Asensio.
51. *El hijo de Juanita Gerrikabeitia* / Jon Idigoras.
52. *Días - Egunak* / Iñaki de Juana Chaos.
53. *¡Cuídate compa!* / Eneko Landaburu Pitarque.

- *¡Abajo las quintas! La oposición histórica de Navarra al ejército español* / Jose Mari Esparza Zabalegi.
- *La razón vasca* / Luis Núñez.
- *Pecados veniales de un cura asilvestrado* / Patxi Larrainzar.
- *Bilbao a la deriva. Fantasía, especulación y ciudadanía*
  Hektor Ortega Lahera.
- *La columna infame. Tortura y represión política en Euskal Herria*
  Lurdes Moraza-Mertxe Basterra.
- *Joxemiren uzta. Euskal prentsa herri proiektua da*
  Jexuxmari Zalakain.
- *De aquellos barros... Prensa navarra y nacionalidad vasca*
  Ramón Lapeskera.
- *No ser una silla. La cara oculta del mundo de grandes discapacitados*
  Egea. Navarro. Ochandorena. De Ponga. Recalde.
- *Urralburu. Corrupción al servicio del Estado* / Francisco Zamora.
- *Internet solidari@. La última revolución* / Irantzu Larrañaga.
- *Internet solidari@. Azken iraultza* / Irantzu Larrañaga.
- *Libertá, ay, mi libertá* / Armando Vidal.

- *Navarra jamás dijo* NO *al Estatuto Vasco*
José M. Jimeno Jurío.
- *Euskal Herria en el horizonte* / J.L. Alvarez Enparantza, *Txillardegi*.
- *Anai artean* / Piarres Larzabal.
- *Autonomoekin solasean* / Arrizabalaga-Murias.
- *Marxez haratago* / Joseba Tobar.
- *Diario suburbano de Pamplona* / Patxi Larrainzar.
- *Memorias de mañana* / Anjel Rekalde.
- *Los vientos favorables. Euskal Herria* 1839-1959 / José Antonio Etxebarrieta.
- *Voces de ballena* / Edorta Jiménez.
- *Nere mendixkatik. Apez bat* ETA*ko gudariez mintzo* / Piarres Larzabal.
- *Miniaturas* / Pablo Antoñana.
- *Trebiño. Claves para un contencioso inacabado* / Roberto González de Viñaspre.
- *La explosión de la conciencia* / Xabier Amuriza.
- *El mito de Mondragón. Cooperativas, política y clase trabajadora en una ciudad del País Vasco* / Sharryn Kasmir.
- *Nadine* / Iñaki Gonzalo Casal.
- *Voluntarios. Semillas de libertad* / Ricardo Zabalza (Colectivo).
- *Los contrabandistas del Bidasoa* / Gaizka Sopelana.
- *El repartidor de sueños* / Fernando Alonso Abad.
- *La cruz sangrienta* / Gaëtan Bernoville.
- *Bálsamos y venenos. La droga como engaño* / Juan Carlos Berrio.
- *Mil noticias insólitas del país de los vascos* / Iñaki Egaña.
- *Maquis. La guerrilla vasca* (1938-1962) / Mikel Rodríguez.
- *Tiza negra* / Xabier Díaz Esarte.

Aurkeztu dizugun liburuaren edukia, itxura edo inprimaketari buruzko iritzirik izatekotan, bidal iezaguzu; zinez eskertuko dizugu.

La Editorial le quedará muy reconocida si usted le comunica su opinión acerca del libro que le ofrecemos, así como sobre su presentación e impresión. Le agradecemos también cualquier otra sugerencia.

EDITORIAL TXALAPARTA S.L.
Navaz y Vides kalea 1-2
Apdo. 78
31300 TAFALLA
Nafarroa
Tfno.: 948 703934
Fax: 948 704072
txalaparta.na@euskalnet.net
www.txalaparta.com

Este libro,
Tiza negra,
se terminó de imprimir en junio de 2001,
en los talleres de RGM
sobre papel ahuesado de 90 g/m^2,
utilizándose para su composición
la versión para fotomecánica del tipo Novarese
creado por Aldo Novarese en 1980.